2000 MOST COMMON ITALIAN WORDS IN CONTEXT

Get Fluent & Increase Your Italian Vocabulary with 2000 Italian Phrases

Italian Language Lessons

Lingo Mastery

ISBN: 9781794297555
Copyright © 2019 by Lingo Mastery

ALL RIGHTS RESERVED

No part of this book may be reproduced, stored in a retrieval system, or transmitted in any form or by any means, electronic, mechanical, photocopying, recording, scanning, or otherwise, without the prior written permission of the publisher.

INTRODUCTION

Just like any other goal you set for yourself in life, learning a new language can be intimidating at first and may seem like a mountain to climb. You'll spend a lot of time talking or thinking about it, but actually *doing* something about it? Easier said than done. Learning a language is just like dieting, really: it's easy to postpone and it takes a lot of motivation to get started, but when you finally get into it and start to see results as you go along, you'll find that it is extremely rewarding, in so many ways.

Indeed, knowing more than one language isn't just something to brag about. It's a valuable asset to your overall knowledge, and it gives you an in-depth and personal access to a whole new culture: music, literature, history, science, sociology, gastronomy... and most importantly, you will get the unique chance to discuss, share and learn with remarkable people you would otherwise never have met.

When you face yourself in the mirror and finally decide to go on a diet, it's because you have an objective in mind – a final goal – which will take time to achieve. The same goes with learning a new language: your objective, reason or purpose will help you stay focused and motivated along the way, no matter how long it takes. It's true: *every* learner is different, has his or her own ways and progresses at his or her own pace. Setting unreasonable goals for yourself or trying to rush into things will definitely affect your level of interest, which is why you need to constantly remind yourself of your objectives, keep track of your progress and make sure you're doing it for the right reasons. In the end, learning a new language will help you learn more about yourself.

If you picked up this book, the hardest part – actually *doing* something about it – is already behind you and you're on your way to become an Italian speaker yourself. This book can give you a very useful tool in learning the Italian language. Now all that's left to learn is how to use it.

What this book is about and how to use it:

Being an Italian teacher, I am very well aware that learning the language can rapidly become overwhelming when you think of the numerous aspects of grammar, punctuation rules, syntax and coherence, and I won't even get started on all the exceptions inherent to the Italian language… but don't be alarmed: even my native Italian students have a hard time getting to learn all the aspects of their mother tongue. That said, what's the best way to get started? What does every new learner *really* want when tackling a new language, officially or unofficially? The answer is simple:

They want to expand their vocabulary.

And that's exactly where you'll want to start. Indeed, when learning a new tongue, becoming familiar with the vocabulary is the most effective way to speed up the process. Just look at these three impressive statistics found in a study done in 1964:

1. *Learning the first thousand (1000) most frequently used words of a language will allow you to understand 76.0% of all non-fiction writing, 79.6% of all fiction writing and an astounding 87.8% of all oral speech.*
2. *Learning the top two thousand (2000) most frequently used words will get you to 84% for non-fiction, 86.1% for fiction, and 92.7% for oral speech.*

Learning the top three thousand (3000) most frequently used words will get you to 88.2% for non-fiction, 89.6% for fiction, and 94.0% for oral speech.

This book will provide you with the top two thousand most frequently used words in the Italian language, equivalent to an understanding of 92.7% of oral speech according to these statistics. Just think of all the things you'll be able to achieve thanks to this book and a little practice!

But to get to this point, an ordinary list of 2000 terms won't be of much help. This is why we provide you with words that are in context, carefully placed in a sentence where they can express their true meaning. Each term will be listed alongside its translation (or translations, when applicable) in English, along with two example sentences (one in each language), for a deeper understanding of the term. This method will make the vocabulary more accessible to you, since you can compare it to English words that are also in context for reference. The terms have been selected according to their occurrences in a corpus of various media containing more than 20 million words of text and speech. To make this vocabulary lesson more significant to you, we have ordered all 2000 terms of this book according to their frequency of use in said media.

After reading this book, you might be tempted to ask: "Is that it?" Well of course, there's always something more to learn. As you know, there are thousands and thousands of words in the Italian language, but the 2000 we provide you with will certainly give you a head-start on learning the language and help you in getting closer to mastering it.

Recommendations for readers of *2000 Most Common Italian Words In Context*:

Although we'd love to begin right away with helping you learn the vocabulary we've provided in this book, we've got a few tips and recommendations for getting the most out of your lesson:

1. An example you read can be transformed into an example you write. Why not try to practice the words we provide you by using them in your own sentences? If you can master this, you will not only be practicing your vocabulary, but also the use of verbs, nouns and sentences in general.
2. Why limit yourself to 2000 words? While you're reading this book, you can always find 2000 more *not-so-frequently-used* words and practice them as well!
3. Grab a partner or two and practice with them. Maybe it's your boyfriend/girlfriend, your roomie or even your parents; learning in groups is always easier than learning alone, and you can find somebody to practice your oral speech with. Just make sure they practice as hard as you do, since you don't want a lazy team-mate here!

Use the vocabulary you've learned to write a story and share it with others to see how good (or bad) it is! Find help from a native speaker and let them help you improve.

An important note before you start:

A little bit of grammar is needed at this point. Please remember that:

- In Italian, *the subject can be omitted*, while in English it has to be explicit. Besides, in Italian the verb declines or changes for each subject, whereas in English, apart from the verb "to be", there is only a change in the 3rd person. Therefore, in the book you will find some Italian verbs together with the indication of the subject it is referred to in brackets.
- Sometimes you will see that the use of English tenses is not completely in line with grammar rules, but this had to be done to reflect the structure of the Italian language into English (e.g. the use of Present Perfect instead of Simple Past).

All nouns in Italian have a grammatical genre, is masculine or feminine. To understand the genre you generally look at the ending. Nouns ending with O are generally masculine, while those ending with A are feminine. Besides, I is the ending of masculine plural nouns, while E is that of feminine plural ones. When you find an adjective in the book, consider that it could end in O, A, I or E according to the genre and the number of the noun.

One last thing before we start. If you haven't already, head over to **LingoMastery.com/hacks** and grab a copy of our free Lingo Hacks book that will teach you the important secrets that you need to know to become fluent in a language as fast as possible.

Now, without further ado, we can finally get started on our lesson! Have fun learning Italian!

1- non - *not*

Non mi piace la marmellata.
I do **not** like jam.

2- che - *that*

Dice **che** non vuole andare a scuola.
He says **that** he does not want to go to school.

3- di - *of*

Mi piace la macchina **di** Carlo.
I like the car **of** Carlo.

4- la - *the*

Tra i miei animali preferiti c'è **la** giraffa.
Among my favourite animals there is **the** giraffe.

5- un - *a*

Vuoi **un** panino per merenda?
Do you want **a** sandwich for a snack?

6- il - *the*

Dov'è **il** libro che ho comprato ieri?
Where is **the** book that I bought yesterday?

7- per - *for*

Questi fiori sono **per** te.
These flowers are **for** you.

8- una - *a*

Una mia amica si è trasferita a Roma.
A friend of mine moved to Rome.

9- in - *in*

Gli studenti non devono mangiare **in** classe.
Students mustn't eat **in** class.

10- sono - *am*

(io) **Sono** contento del tuo successo.
I'**m** happy for your success.

11- mi - *me*

Mi passi la bottiglia, per favore?
Can you pass **me** the bottle, please?

12- si - *one*

Si deve stare attenti quando si guida di notte.
One should be careful when driving at night.

13- ho - *have*

(io) **Ho** una casa al mare e una in montagna.
I **have** got a house by the sea and one in the mountains.

14- lo - *the*

Lo scoiattolo è un animale molto vivace.
The squirrel is a very lively animal.

15- ma - *but*

Dice che ha tanti amici, **ma** non è vero.
He says that he has got many friends, **but** it is not true.

16- ha - *has*

Mia sorella **ha** tre cani.
My sister **has** got three dogs.

17- cosa - *what*

Cosa ne pensi del mio fidanzato?
What do you think about my boyfriend?

18- le - *the*

Le scarpe rosse con i tacchi alti non mi vanno bene.
The red shoes with high heels don't suit me.

19- con - *with*

Vieni **con** me al cinema?
Are you coming to the cinema **with** me?

20- ti - *yourself*

Come **ti** vedi con quel vestito?
How do you see **yourself** with that dress?

21- se - *if*

Se piove, staremo a casa.
If it rains, we'll stay at home.

22- no - *no*

"Ti piace il pesce fritto?" "**No**, non mangio pesce".
"Do you like fried fish?" "**No**, I do not eat fish".

23- da - *from*

Da dove vieni?
Where are you **from**?

24- come - *how*

Come stai?
How are you?

25- ci - *us*

Ci ha detto che Claudia non gli piace.
He told **us** that he does not like Claudia.

26- io - *I*

Io sono nata a Milano.
I was born in Milan.

27- questo - *this*

Mi piace **questo** abito.
I like **this** dress.

28- bene - *well*

Non sento molto **bene**.
I can't hear very **well**.

29- qui - *here*

C'è un tabaccaio **qui** in zona?
Is there a tobacco shop around **here**?

30- sei - *are*

Di dove **sei** (tu)?
Where **are** you from?

31- hai - *have*

(tu) **Hai** una matita da prestarmi?
Do you **have** a pencil to lend me?

32- del - *some*

Vorrei **del** pane, per favore.
I'd like **some** bread, please.

33- tu - *you*

Alla fine mancavi solo **tu**.
In the end **you** were the only one who was missing.

34- solo - *only*

Ho mangiato **solo** un panino a pranzo.
I **only** had a sandwich for lunch.

35- a - *at*

Lavoro **a** scuola durante la settimana.
I work **at** school during the week.

36- me - *me*

Non so davvero cosa c'è che non va in **me**.
I really don't know what's wrong with **me**.

37- mio - *my*

Mio papà ha due gatti e tre cani.
My dad has two cats and three dogs.

38- tutto - *everything*

"Hai preso **tutto**?"
"Did you take **everything**?"

39- te - *you*

Te l'ho detto mille volte di non correre in casa!
I told **you** a thousand times not to run in the house!

40- della - *some*

Vorrei **della** frutta di stagione.
I would like **some** seasonal fruit.

41- fatto - *done*

Ho **fatto** i compiti in mezz'ora.
I have **done** my homework in half an hour.

42- lei - *she*

Lei è la ragazza dei miei sogni.
She is the girl of my dreams.

43- mia - *my*

Mia mamma ama cucinare.
My mum loves cooking.

44- fare - *to do*

Cosa **fai** la domenica?
What do you **do** on Sundays?

45- era - *was*

Chi **era** alla porta?
Who **was** at the door?

46- so - *know*

(io) Non **so** cosa dirti, davvero.
I do not **know** what to tell you, really.

47- gli - *the*

Gli occhi del suo gatto sono verdi.
The eyes of his cat are green.

48- perché - *why*

Perché non vieni in vacanza con noi?
Why don't you come on holiday with us?

49- ne - *of it*

Non **ne** voglio più.
I do not want any more **of it**.

50- quando - *when*

Vieni **quando** vuoi.
Come **when** you want.

51- questa - *this*

Questa borsa è la migliore della sua collezione.
This bag is the best of its collection.

52- essere - *to be*

Essere o non essere, questo è il problema.
To be or not to be, that is the question.

53- detto - *told*

Ti ha **detto** il suo segreto?
Has he **told** you his secret?

54- quello - *that*

Quello è il ragazzo di cui ti parlavo.
That is the boy I told you about.

55- va - *goes*

Laura **va** al mare ogni estate.
Laura **goes** to the sea every summer.

56- alla - *to the*

Non so come arrivare **alla** stazione ferroviaria.
I do not know how to get **to the** train station.

57- più - *more*

Vorrei **più** pasta, per favore.
I would like **more** pasta, please.

58- ora - *time*

Che **ora** è?
What **time** is it?

59- stato - *been*

Non sono **stato** invitato e non so il perché.
I have not **been** invited and I do not know why.

60- dei - *some*

Dove posso trovare **dei** pennarelli?
Where can I find **some** markers?

61- sta - *is*

(lei) **Sta** giocando in giardino con il cane.
She **is** playing in the garden with the dog.

62- tutti - *everyone*

È stata vista da **tutti** mentre rubava.
She was seen by **everyone** while she was stealing.

63- chi - *who*

Chi è quella ragazza?
Who is that girl?

64- anche - *too*

È un piacere **anche** per me.
Nice to meet you, **too**.

65- così - *so*

"Come stai?" "**Così** così".
"How are you?" "**So** and so".

66- voglio - *want*

(io) **Voglio** sapere chi ha rotto il vetro della mia macchina.
I **want** to know who broke the glass of my car.

67- molto - *a lot of*

Si è divertita **molto** durante la gita scolastica.
She had **a lot of** fun during the school-trip.

68- beh - *well*

Beh, che dire, complimenti!
Well, what can I say, congratulations!

69- abbiamo - *have*

Questa è la macchina che (noi) **abbiamo** appena comprato.
This is the car we **have** just bought.

70- tuo - *your*

Mi puoi prestare il **tuo** cappotto?
Can you lend me **your** coat?

71- ok - *ok*

"Esco con gli amici stasera" "**Ok**, va bene".
"I am going out with my friends tonight" "It's **ok**".

72- lui - *he*

Lui è molto simpatico, lei è cattiva.
He is very nice, she is mean.

73- grazie - *thank you*

Grazie per i fiori!
Thank you for the flowers!

74- sia - *both*

Sia io che mia sorella abbiamo i capelli neri.
Both my sister and I have got black hair.

75- allora - *then*

Allora non ero così in forma come oggi.
Then I wasn't so fit as today.

76- niente - *nothing*

Non vedo **niente** quando fa buio.
I can see **nothing** when it's dark.

77- posso - *can*

(io) **Posso** entrare?
Can I come in?

78- suo - *his/her*

Suo fratello è un campione di nuoto.
His/her brother is a swimming champion.

79- sì - *yes*

"Hai una matita?" "**Sì**, certo".
"Do you have a pencil?" "**Yes**, sure".

80- prima - *before*

Prima di andare al cinema, devo passare da casa.
Before going to the cinema, I have to go home.

81- qualcosa - *something*

C'è **qualcosa** che non va con la mia automobile.
There's **something** wrong with my car.

82- siamo - *are*

Io e mia sorella **siamo** completamente diverse.
My sister and I **are** completely different.

83- sai - *know*

(tu) **Sai** come si chiama l'insegnante di matematica?
Do you **know** what's the name of the maths teacher?

84- tua - *your*

Posso usare la **tua** bicicletta?
May I use **your** bicycle?

85- stai - *are*

(tu) **Stai** studiando per gli esami?
Are you studying for the exams?

86- sua - *his/her*

Sua zia abita in Brasile da dieci anni.
Her/his aunt has been living in Brazil for ten years.

87- fa - *ago*

Cinque anni **fa** mia mamma ha avuto un incidente.
Five years **ago,** my mom had an accident.

88- dove - *where*

Dove abiti?
Where do you live?

89- ehi - *hey*

Ehi! Mi hai fatto male al piede.
Hey! You have hurt my foot.

90- ancora - *still*

Sei **ancora** fidanzata con Marco?
Are you **still** engaged to Marco?

91- su - *up*

L'aereo è andato **su** in cielo.
The plane went **up** into the sky.

92- due - *two*

Ha **due** fratelli e tre sorelle.
He has **two** brothers and three sisters.

93- vero - *true*

Dimmi che non è **vero**.
Tell me it's not **true**.

94- casa - *house*

Ho comprato una nuova **casa** accanto ai miei genitori.
I bought a new **house** next to my parents.

95- vuoi - *want*

Fai quello che (tu) **vuoi**.
Do what you **want**.

96- noi - *we*

Voi siete i blu, **noi** siamo i bianchi.
You are the blue, **we** are the whites.

97- hanno - *have*

Loro **hanno** suonato alla festa della scuola per due ore.
They **have** been playing at the school party for two hours.

98- dire - *to tell*

Mi puoi **dire** cosa ne pensi?
Can you **tell** me what you think?

99- davvero - *really*

Se **davvero** vuoi aiutarmi, non parlare con nessuno del mio problema.
If you **really** want to help me, don't tell anyone about my problem.

100- c'é - *there is*

C'è uno scarafaggio sul mio letto!
There is a cockroach in my bed!

101- Il - *the*

Il soffitto di casa mia sta crollando.
The ceiling of my house is collapsing.

102- delle - *some*

Mi ha regalato **delle** belle rose rosse.
He gave me **some** beautiful red roses.

103- ad - *at*

In questa stanza, c'è un sensore **ad** altezza degli occhi.
In this room, there is a sensor **at** eye level.

104- quella - *that*

Quella è la ragazza che ha vinto il concorso.
That's the girl who won the contest.

105- lì - *there*

Non stare **lì** in piedi con la bocca aperta!
Do not stand **there** with your mouth open!

106- po' - *a little*

Posso avere un **po'** di acqua?
Can I have **a little** water?

107- loro - *them*

Deciditi. Stai con noi o con **loro**?
Make up your mind. Are you with us or with **them**?

108- sto - *am*

(io) **Sto** andando al supermercato. Ti serve qualcosa?
I **am** going to the supermarket. Do you need something?

109- andare - *to go*

È ora di **andare**.
It's time **to go**.

110- sempre - *always*

La mia migliore amica è **sempre** sorridente.
My best friend is **always** smiling.

111- quel - *that*

Quel cappello è molto originale.
That hat is very original.

112- forse - *maybe*

Forse andrò in California quest'estate.
Maybe I'll go to California next summer.

113- devo - *have to*

(io) **Devo** andare dal dentista stasera alle 17:00.
I **have to** go to the dentist tonight at 5 pm.

114- quindi - *so*

Quindi, vieni o no allo stadio?
So, are you coming to the stadium or not?

115- tempo - *time*

Non ho né il **tempo** né il desiderio di uscire con lui.
I have neither **time** nor desire to go out with him.

116- nella - *in the*

Il leone vive **nella** foresta.
The lion lives **in the** forest.

117- fuori - *outside*

Quando **fuori** piove, mi piace stare sul divano sotto le coperte.
When it rains **outside**, I like to stay on the sofa under the blanket.

118- proprio - *exactly*

È **proprio** il taglio di capelli che avevo in mente.
It is **exactly** the haircut I had in mind.

119- certo - *sure*

Sei **certo** di quello che dici?
Are you **sure** of what you say?

120- vita - *life*

Ha dedicato la sua **vita** agli animali.
He dedicated his **life** to animals.

121- sul - *on the*

Ho trovato questo libro **sul** tavolo. È tuo?
I have found this book **on the** table. Is it yours?

122- credo - *believe*

Io non **credo** alle notizie di Facebook.
I do not **believe** in Facebook news.

123- parte - *leave*

A che ora **parte** il treno?
What time does the train **leave**?

124- andiamo - *go*

Perché (noi) non **andiamo** insieme al concerto?
Why don't we **go** to the concert together?

125- quanto - *how much*

Quanto costano quelle scarpe?
How much are those shoes?

126- cose - *things*

Non lasciare le tue **cose** incustodite.
Do not leave your **things** unattended.

127- già - *already*

È **già** ora di andare?
Is it **already** time to go?

128- puoi - *can*

(tu) **Puoi** chiederle se viene alla mia festa?
Can you ask her if she comes to my party?

129- vi - *you*

Non **vi** posso dire nulla al momento.
I can't tell **you** anything at the moment.

130- adesso - *now*

Adesso non posso rispondere al telefono.
Now I can't answer the phone.

131- poi - *then*

Prima mangia, **poi** gioca.
Eat first, **then** play.

132- cui - *which*

Non è questa l'Europa **cui** apparteniamo.
This is not the Europe to **which** we belong.

133- qualcuno - *someone*

C'è **qualcuno** alla porta.
There's **someone** at the door.

134- visto - *seen*

Ho appena **visto** tua sorella con le sue amiche.
I have just **seen** your sister with her friends.

135- anni - *years*

Mi sono laureata due **anni** fa.
I graduated two **years** ago.

136- voi - *you*

Se a **voi** piace quella casa, perché non la acquistate?
If **you** like that house, why don't you buy it?

137- Dio - *God*

Io credo in **Dio**, ma non vado a Messa.
I believe in **God**, but I do not go to Mass.

138- volta - *time*

Ogni **volta** che vedo questo film mi commuovo.
Every **time** I watch this film, I am moved by it.

139- bisogno - *need*

Se (tu) hai **bisogno** di aiuto, chiamami.
If you **need** help, call me.

140- ed - *and*

Marco **ed** Anna sono una bella coppia.
Marco **and** Anna are a nice couple.

141- lavoro - *job*

Ti piace il tuo **lavoro**?
Do you like your **job**?

142- altro - *another*

Vorrei consultare un **altro** medico.
I would like to consult **another** doctor.

143- signore - *gentleman*

Quel **signore** con il cappotto grigio è mio papà.
That **gentleman** in a grey coat is my dad.

144- amico - *friend*

È il migliore **amico** di mio fratello.
He's the best **friend** of my brother.

145- dopo - *after*

Dopo scuola vado a studiare in biblioteca.
After school I go to study in the library.

146- stata - *been*

(lei) È **stata** nominata capoclasse.
She has **been** appointed head of the class.

147- posto - *seat*

Vorrei un **posto** in prima fila.
I would like a **seat** in the front row.

148- nessuno - *nobody*

Nessuno può dire che non fosse simpatica.
Nobody can say that she was not nice.

149- ciao - *hi*

Ciao, come ti chiami?
Hi, what's your name?

150- devi - *must*

(tu) Non **devi** parlare alle persone che non conosci.
You **must** not talk to people you do not know.

151- padre - *father*

Chi è il **padre** di questo bambino?
Who's the **father** of this child?

152- via - *street*

In che **via** abiti?
What **street** do you live on?

153- fai - *do*

(tu) **Fai** del tuo meglio, ti prego.
Do your best, please.

154- meglio - *best*

Fai ciò che è **meglio** per te.
Do what is **best** for you.

155- dal - *since*

Ha una macelleria **dal** 1990.
He has a butcher shop **since** 1990.

156- vuole - *wants*

Di solito fa quello che (lui) **vuole**.
He usually does what he **wants**.

157- modo - *way*

In un **modo** o nell'altro ce la caveremo.
In one **way** or another we will get by.

158- qualche - *some/any*

Hai **qualche** spicciolo?
Do you have **any** change?

159- ogni - *every*

Ogni mese vado a Londra per lavoro.
Every month I go to London for business.

160- sembra - *looks*

(lei) **Sembra** una teenager ma ha 30 anni.
She **looks** like a teenager, but she is 30 years old.

161- vedere - *to see*

Vieni a **vedere**! Sta nevicando.
Come and **see**! It's snowing.

162- giorno - *day*

Bevo 2 litri di acqua al **giorno**.
I drink 2 litres of water a **day**.

163- senza - *without*

È venuto da solo, **senza** moglie e figli.
He came alone, **without** wife and children.

164- dobbiamo - *have to*

A che ora (noi) **dobbiamo** arrivare?
What time do we **have to** arrive?

165- dispiace - *sorry*

Mi **dispiace**, non so dove sia la tua palla.
I'm **sorry**, I do not know where your ball is.

166- signor - *Mr.*

Il **Signor** Rossi abita laggiù.
Mr. Rossi lives over there.

167- dai - *come on*

Ma **dai**! Non è possibile!
Come on! It's not possible!

168- penso - *think*

(io) Non **penso** che pioverà.
I do not **think** it will rain.

169- ce - *us*

Perché non **ce** lo hai detto prima?
Why didn't you tell **us** before?

170- tra - *between*

Tra me e te: la sua macchina è proprio brutta.
Between you and me: his car is awful.

171- dalla - *from*

Viene **dalla** Romania.
He comes **from** Romania.

172- parlare - *to speak*

Non vuole mai **parlare** in pubblico.
He never wants **to speak** in public.

173- ecco - *here is*

Ecco il suo sandwich.
Here is your sandwich.

174- sulla - *on the*

Il gatto è **sulla** macchina del vicino.
The cat is **on the** neighbour's car.

175- sarebbe - *would be*

Sarebbe bello che venissi anche tu.
It **would be** nice if you came too.

176- male - *bad*

Non sarebbe **male** andare al cinema stasera.
It wouldn't be **bad** going to the cinema tonight.

177- troppo - *too*

Quel bicchiere è **troppo** pieno. Stai attento!
That glass is **too** full. Be careful!

178- sa - *knows*

Chi lo **sa** come sarà il futuro.
Who **knows** how the future will be.

179- giusto - *fair*

Non è **giusto** che salti scuola oggi.
It's not **fair** that you are going to skip school today.

180- vai - *go*

Perché non **vai** anche tu al concerto?
Why don't you **go** to the concert too?

181- possiamo - *can*

Se vuoi, (noi) **possiamo** aiutarti.
If you want, we **can** help you.

182- nuovo - *new*

Quello è il **nuovo** boss.
That's the **new** boss.

183- successo - *happened*

Che cosa è **successo** ieri sera in discoteca?
What **happened** last night at the disco?

184- favore - *favour*

Potrei chiederti un **favore**?
May I ask a favour?

185- facendo - *doing*

Stai **facendo** i compiti?
Are you **doing** your homework?

186- fosse - *was*

Mi guarda come se **fosse** arrabbiato.
He looks at me as if he **was** angry.

187- alle - *at*

Vengo domani **alle** 18:00, ok?
I'm coming tomorrow **at** 6 pm, ok?

188- miei - *my*

I **miei** genitori sono in vacanza nel sud Italia.
My parents are on vacation in southern Italy.

189- tanto - *much*

Mi manca **tanto**.
I miss him so **much**.

190- mamma - *mum*

Mia **mamma** non sa guidare la macchina.
My **mum** can't drive the car.

191- aspetta - *wait*

Sei pronta? Luca ti **aspetta** da un'ora.
Are you ready? Luca has been **waiting** for you for an hour.

192- avere - *to have*

Mi piacerebbe **avere** dei fratelli e delle sorelle.
I would like **to have** brothers and sisters.

193- farlo - *to do it*

Non dovresti **farlo** se non sei sicuro.
You shouldn't **do it** if you're not sure.

194- madre - *mother*

È una donna davvero cattiva, ma è sua **madre**.
She's a really mean woman, but she's her **mother**.

195- ragazzi - *guys*

Dove sono i **ragazzi**? Ho bisogno di aiuto.
Where are the **guys**? I need help.

196- deve - *has to*

Maria **deve** andare dal dottore oggi pomeriggio.
Maria **has to** go to the doctor this afternoon.

197- uomo - *man*

Quello è l'**uomo** dei miei sogni!
That's the **man** of my dreams!

198- momento - *moment*

Aspetta un **momento**. Quella non è tua sorella?
Wait a **moment**. Isn't that your sister?

199- tre - *three*

Ho corso per **tre** chilometri.
I run for **three** kilometres.

200- può - *can*

Solo chi è membro del club **può** partecipare alla festa.
Only those who are members of the club **can** join the party.

201- gente - *people*

C'è una folla di **gente** fuori dal museo.
There is a crowd of **people** outside the museum.

202- avete - *have*

Cosa (voi) **avete** mangiato al ristorante?
What **have** you eaten at the restaurant?

203- nostro - *our*

Il **nostro** cane scava buche tutto il giorno.
Our dog digs holes all day long.

204- aveva - *had*

(lui) Non **aveva** finito di parlare, che lei se ne è andata.
He **had** not finished talking, that she was gone.

205- potrebbe - *might*

(lui) **Potrebbe** essere colpevole, ma lo deciderà il giudice.
He **might** be guilty, but the judge will decide about that.

206- grande - *great*

È un **grande** fashion designer.
He is a **great** fashion designer.

207- appena - *just*

(lui) L'ha **appena** conosciuta e parlano già di sposarsi.
He has **just** met her and they are already talking about getting married.

208- tipo - *kind*

Che **tipo** di vacanza vorresti fare?
What **kind** of holiday would you like to do?

209- sapere - *to know*

Mi piacerebbe **sapere** chi ha parcheggiato in quel modo.
I'd like **to know** who parked that way.

210- dice - *says*

È inutile che chiedi a lui. (lui) Non **dice** nulla.
It is useless to ask him. He does not **say** anything.

211- questi - *these*

Di chi sono **questi** libri?
Whose books are **these**?

212- dentro - *inside*

Cosa hai trovato **dentro** la scatola?
What did you find **inside** the box?

213- persone - *people*

Quante **persone** verranno alla festa?
How many **people** will come to the party?

214- ai - *to*

Dai quattro **ai** dieci anni, i bambini fanno grandi cambiamenti.
From four **to** ten years, children make big changes.

215- prego - *you are welcome*

"Grazie per i fiori" "**Prego**, spero ti siano piaciuti"
"Thanks for the flowers" "**You are welcome**, I hope you liked them"

216- sicuro - *sure*

Sono **sicuro** che capirà.
I'm **sure** he will understand.

217- soldi - *money*

Non vuole **soldi**, solo affetto.
He doesn't want **money**, just love.

218- abbia - *have*

È la bugia più grande che (io) **abbia** mai sentito.
It's the biggest lie, I **have** ever heard.

219- senti - *hear*

(tu) Non **senti** questo rumore?
Don't you **hear** this noise?

220- degli - *some/any*

Hai **degli** evidenziatori che puoi prestarmi?
Do you have **any** highlighter that you can lend me?

221- ero - *was*

Quando (io) **ero** bambino, amavo guardare i cartoni animati.
When I **was** a child, I loved watching cartoons.

222- figlio - *son*

Questo è Gianni, il **figlio** di Paola.
This is Gianni, Paola's **son**.

223- piace - *likes*

Le **piace** molto quel brand.
She really **likes** that brand.

224- queste - *these*

Queste scarpe sono troppo piccole.
These shoes are too small.

225- ha - *has*

Giorgio **ha** una casa nel centro di Milano.
Giorgio **has** got a house in the centre of Milan.

226- guarda - *look*

Adesso (tu) **guarda** fuori e dimmi cosa vedi.
Now, **look** outside and tell me what you see.

227- okay - *okay*

È **okay** se vieni anche tu.
It's **okay** if you come too.

228- forza - *strength*

Ci vuole **forza** per superare i problemi.
You need **strength** to overcome problems.

229- vieni - *come*

Se **vieni** anche tu mi fa piacere.
I'm glad, If you **come** too.

230- tutte - *every*

Tutte le mattine il gallo mi sveglia alle 6:00.
Every morning the rooster wakes me up at 6 am.

231- oggi - *today*

Oggi è il grande giorno.
Today is the big day.

232- siete - *are*

(voi) **Siete** fratelli, per caso?
Are you brothers, by chance?

233- mondo - *world*

Mi piacerebbe fare il giro del **mondo** un giorno.
I would like to travel around the **world** one day.

234- altri - *other*

Ho **altri** piani per il futuro.
I have **other** plans for the future.

235- nome - *name*

Nome e cognome, per favore.
First **name** and surname, please.

236- trovato - *found*

Ho **trovato** una borsa incustodita sul bus.
I have **found** an unattended bag on the bus.

237- faccia - *face*

Gli ha tirato un pugno in **faccia** ed è scappato.
He punched him in the **face** and ran away.

238- pensi - *think*

Non capisco mai cosa (tu) **pensi**.
I never know what you **think**.

239- problema - *problem*

È un **problema** se vengo 10 minuti più tardi?
Is it a **problem** if I come 10 minutes later?

240- tutta - *all*

È stato innamorato di lei **tutta** la vita.
He has been in love with her **all** his life.

241- avuto - *had*

(io) Ho **avuto** un'idea geniale!
I have **had** a brilliant idea!

242- preso - *taken*

Hai **preso** la medicina?
Have you **taken** the medicine?

243- sarà - *will be*

Come **sarà** la Terra tra 100 anni?
How **will** the Earth **be** like in 100 years?

244- faccio - *do*

(io) **Faccio** i compiti e vengo da te più tardi.
I **do** my homework and come to you later.

245- ragazza - *girlfriend*

La sua **ragazza** è Chiara. È molto carina.
His **girlfriend** is Chiara. She's very pretty.

246- ragazzo - *boyfriend*

Il suo **ragazzo** è Daniele. È davvero simpatico.
His **boyfriend** is Daniele. He's really nice.

247- caso - *chance*

Per **caso**, hai visto Michela?
By **chance**, did you see Michela?

248- donna - *woman*

Se vai nel reparto **donna** troverai il vestito adatto a te.
If you go to the **woman**'s department, you will find the right outfit for you.

249- sentito - *heard*

(tu) Hai **sentito** le previsioni meteo di domani?
Have you **heard** the weather forecast for tomorrow?

250- nostra - *our*

Non è colpa **nostra** se non ti invitano mai.
It is not **our** fault if they never invite you.

251- testa - *head*

Perché continui a grattarti la **testa**?
Why do you keep scratching your **head**?

252- subito - *immediately*

Lavati **subito** le mani!
Wash **immediately** your hands!

253- sotto - *under*

Mi piace stare **sotto** le coperte quando fuori nevica.
I like staying **under** the blanket when it's snowing outside.

254- notte - *night*

Sono stato sveglio tutta la **notte**.
I was up all **night**.

255- basta - *that's enough*

Basta! Non ne posso più.
That's enough! I can't stand it anymore.

256- aver - *having*

Lo hanno condannato per **aver** ucciso la sorella.
They sentenced him for **having** killed his sister.

257- suoi - *his/her*

I **suoi** amici gli vogliono bene.
His friends love him.

258- ragione - *right*

Non dire che hai **ragione** quando sai di aver torto.
Don't say you're **right** when you know you're wrong.

259- stesso - *same*

Non vedo bene. Sono dello **stesso** colore?
I can't see well. Are they the **same** colour?

260- avevo - *had*

(io) Non **avevo** idea che fosse così arrogante.
I **had** no idea he was so arrogant.

261- signora - *lady*

Quella **signora** con il cappotto marrone è la maestra di mio figlio.
That **lady** in the brown coat is my son's teacher.

262- stare - *stay*

C'è una stanza dove posso **stare**?
Is there a room where I can **stay**?

263- accordo - *agreement*

Troviamo un **accordo** tra di noi.
Let's find an **agreement** between us.

264- stiamo - *are*

Non metterti a pulire il pavimento quando (noi) **stiamo** uscendo.
Do not clean the floor when we **are** leaving.

265- porta - *door*

Entra, non stare sulla **porta**!
Come in, don't stand at the **door**!

266- insieme - *together*

Abbiamo lavorato diversi anni **insieme**.
We have worked **together** for several years.

267- volte - *times*

Quante **volte** hai visto quel film?
How many **times** have you seen that movie?

268- hai - *have*

(tu) **Hai** deciso cosa comprarle per il suo compleanno?
Have you decided what to buy for her birthday?

269- tuoi - *your*

I **tuoi** genitori lo sanno che hai il ragazzo?
Do **your** parents know that you have a boyfriend?

270- volevo - *wanted*

(io) **Volevo** essere educato, quindi non ho detto nulla.
I **wanted** to be polite, so I didn't say anything at all.

271- morto - *dead*

Pesava tre volte tanto a peso **morto**.
He weighed three times as much as **dead** weight.

272- buona - *good*

È una **buona** idea. La dirò al capo.
It's a **good** idea. I'll tell the boss.

273- nulla - *nothing*

Non puoi fare **nulla** contro l'invidia altrui.
You can do **nothing** against the others' envy.

274- avanti - *forward*

Fate un passo **avanti** quando chiamo il vostro nome.
Take a step **forward** when I call your name.

275- ah - *ha*

Ah! Adesso mi racconti anche bugie!
Ha! Now you even tell me lies!

276- prendere - *to get*

A che ora posso passare a **prendere** il libro?
What time can I come **to get** the book?

277- capito - *understood*

Non ho **capito** nulla di ciò che hai detto.
I have **understood** nothing about what you said.

278- cercando - *looking*

Stavo **cercando** un bar, quando ho incontrato Laura.
I was **looking** for a bar when I met Laura.

279- serve - *need*

Se ti **serve** una mano, io ci sono!
If you **need** a hand, I'm there!

280- famiglia - *family*

Ha proprio una bella **famiglia**. Sono molto socievoli.
He really has a beautiful **family**. They are very friendly.

281- dato - *given*

Dove hai messo i soldi che ti ho **dato**?
Where did you put the money I had **given** you?

282- bella - *beautiful*

Ha una **bella** casa e una moglie dolcissima.
He has a **beautiful** house and a very sweet wife.

283- tesoro - *darling*

Tesoro, non trovo le mie ciabatte. Sai dove sono?
Darling, I can't find my slippers. Do you know where they are?

284- vado - *go*

(io) **Vado** a lavorare ogni mattina alle 7:00.
I **go** to work every morning at 7 am.

285- moglie - *wife*

Non ho mai visto sua **moglie**. Ma è sposato?
I've never seen his **wife**. Is he married?

286- eh - *huh*

Eh? Cosa hai detto?
Huh? What did you say?

287- vorrei - *would like*

(io) **Vorrei** solo far notare che siamo arrivati primi al torneo.
I **would** just **like** to point out that we arrived first in the tournament.

288- pronto - *ready*

Sono **pronto** a qualsiasi evenienza.
I am **ready** for any events.

289- succede - *happens*

Non posso immaginare cosa **succede** in quella casa.
I can't imagine what **happens** in that house.

290- storia - *story*

Prima di andare a letto, sua mamma le racconta una **storia**.
Before going to bed, her mother tells her a **story**.

291- pensavo - *thought*

(io) **Pensavo** che non ti arrabbiassi.
I **thought** you did not get angry.

292- stanno - *are*

Dimmi esattamente come **stanno** le cose tra di voi.
Tell me exactly how things **are** between you.

293- uomini - *men*

Si innamora solo di **uomini** sposati.
She falls in love only with married **men**.

294- dovuto - *had to*

(io) Ho **dovuto** mentire ai miei genitori per venire al cinema
I **had to** lie to my parents to come to the cinema.

295- meno - *minus*

Dieci **meno** tre fa sette.
Ten **minus** three is seven.

296- dici - *say*

Se lo **dici** tu…
If you **say** so…

297- scusa - *excuse*

Trova una **scusa** per tutto.
He finds an **excuse** for everything.

298- paura - *fear*

Paura e desolazione erano diffuse.
Fear and desolation were widespread.

299- secondo - *second*

Dammi un **secondo** e arrivo!
Give me a **second** and I'll be there!

300- macchina - *machine*

La mia **macchina** da cucire è vecchia ma funziona ancora bene.
My sewing **machine** is old but it still works well.

301- fino - *until*

Sono rimasto sveglio **fino** a mezzanotte per vedere le stelle.
I stayed awake **until** midnight to see the stars.

302- idea - *idea*

Non ne ho la minima **idea**.
I haven't the slightest **idea**.

303- diavolo - *devil*

Non fare l'avvocato del **diavolo**.
Don't play **devil**'s advocate.

304- venire - *to come*

Perché non vuoi **venire** a teatro?
Why don't you want **to come** to the theatre?

305- capisco - *understand*

Quando (io) non **capisco** la maestra si arrabbia.
When I don't **understand**, the teacher gets angry.

306- avrei - *would have*

(io) Non **avrei** problemi a salutarla, se le non mi guardasse male.
I **would have** no problem greeting her, if she did not look at me badly.

307- nei - *in the*

Nei tempi antichi le donne non potevano studiare.
In the ancient times women could not study.

308- bello - *handsome*

Franco è più **bello** di suo fratello.
Franco is more **handsome** than his brother.

309- persona - *person*

Sei la sesta **persona** che me lo dice.
You are the sixth **person** telling me that.

310- ciò - *what*

Non condivido **ciò** che dici.
I don't agree with **what** you say.

311- stavo - *was*

(io) **Stavo** mangiando la pasta, quando è suonato il telefono.
I **was** eating pasta when the phone rang.

312- abbastanza - *enough*

Non ho **abbastanza** soldi per comprare quelle scarpe.
I don't have **enough** money to buy those shoes.

313- ucciso - *killed*

Stanno cercando chi ha **ucciso** un poliziotto.
They're looking for the man who has **killed** a policeman.

314- amici - *friends*

I miei **amici** amano la discoteca, mentre io preferisco andare al cinema.
My **friends** love the disco, while I prefer to go to the cinema.

315- letto - *bed*

La domenica starei a **letto** tutto il giorno se potessi.
On Sundays I would stay in **bed** all day if I could.

316- capo - *boss*

Il mio **capo** è un irresponsabile.
My **boss** is irresponsible.

317- polizia - *police*

Cosa è successo? C'è la **polizia** fuori dalla porta.
What happened? There is the **police** outside the door.

318- mano - *hand*

Dammi la **mano** e rilassati.
Give me your **hand** and relax.

319- mentre - *while*

Cosa farai **mentre** sono dal parrucchiere?
What will you do **while** I'm at the hairdresser?

320- vediamo - *see*

Quando ci **vediamo** di nuovo(noi)?
When do we **see** each other again?

321- state - *are*

(voi) **State** pensando al menù per il brunch di domenica?
Are you thinking about the Sunday brunch menu?

322- domani - *tomorrow*

Lo farò **domani**. Adesso sono stanco.
I will do it **tomorrow**. Now I'm tired.

323- dico - *tell*

Se mi costringi (io) te lo **dico**.
If you force me, I **tell** you.

324- facciamo - *do*

Facciamo così: tu scrivi il testo e io faccio i disegni.
Let's **do** it this way: you write the text and I do the drawings.

325- presto - *early*

È troppo **presto** se vengo alle 22:00?
Is it too **early** if I come at 10 pm?

326- piano - *floor*

A che **piano** abiti?
What **floor** do you live on?

327- fine - *end*

Cosa avete deciso alla **fine**?
What did you decide in the **end**?

328- stati - *been*

I due fratelli sono **stati** rapiti in cambio di un riscatto.
The two brothers have **been** kidnapped in exchange for a ransom.

329- erano - *were*

Lo sapevo che **erano** amici.
I knew they **were** friends.

330- fratello - *brother*

Mio **fratello** lavora in Svezia.
My **brother** works in Sweden.

331- trovare - *see*

Vienimi a **trovare** più spesso.
Come and **see** me more often.

332- giorni - *days*

Mancano 15 **giorni** alla fine della scuola.
There are only 15 **days** left until the end of the school.

333- buon - *good*

È un **buon** marito e un bravo avvocato.
He is a **good** husband and a good lawyer.

334- nemmeno - *not even*

(lui) Non ha lasciato **nemmeno** una briciola della torta.
He did **not even** leave a crumb of the cake.

335- un'altra - *another*

Verrò **un'altra** volta. Ora sono molto preso.
I will come **another** time. Now I am really busy.

336- far - *to make*

Lui sa come **far** innamorare le ragazze.
He knows how **to make** girls fall in love.

337- avrebbe - *would have*

Che vantaggio (lui) **avrebbe** avuto da questa situazione?
What advantage **would** he **have** had from this situation?

338- quelle - *those*

Quelle ragazze studiano moltissimo.
Those girls study a lot.

339- giro - *lap*

Si è arreso all'ultimo **giro**.
He gave up on the last **lap**.

340- nessun - *no*

Non vedo **nessun** motivo per non partecipare.
I see **no** reason not to participate.

341- vedo - *see*

(io) Non **vedo** molte opportunità di crescita nella mia azienda.
I don't **see** many opportunities of growth in my company.

342- piacere - *favour*

Ho bisogno di un **piacere** da parte tua. Mi aiuti?
I need a **favour** from you. Can you help me?

343- morte - *death*

Alla **morte** del padre si è trasferito in Brasile.
After his father's **death** he moved to Brazil.

344- tornare - *to come back*

Non voglio **tornare** più nel mio paese.
I don't want **to come back** to my country anymore.

345- qua - *here*

Non andare via, vieni **qua**.
Don't go away, come **here**.

346- andato - *gone*

Quando sono arrivata, era già **andato** via.
When I arrived, he had already **gone** away.

347- neanche - *neither*

Non ricordava, e **neanche** io.
He didn't remember, and **neither** did I.

348- primo - *first*

Ha avuto il suo **primo** figlio a 22 anni.
He had his **first** child at the age of 22.

349- bambino - *child*

Quel **bambino** è molto maleducato.
That **child** is very rude.

350- quasi - *almost*

Ero **quasi** arrivata in ufficio, quando la macchina si è rotta.
I was **almost** arrived at the office when the car broke down.

351- vedi - *see*

(tu) Non **vedi** che un pedone sta attraversando?
Don't you **see** that a pedestrian is crossing the street?

352- bel - *beautiful*

Quella ragazza ha davvero un **bel** viso.
That girl really has a **beautiful** face.

353- sera - *evening*

Ogni **sera** pratico jogging per 40 minuti.
Every **evening**, I practice jogging for 40 minutes.

354- minuti - *minutes*

La cena è pronta tra due **minuti**.
Dinner is ready in two **minutes**.

355- Papa - *Pope*

Sono andato a Roma per una udienza con il **Papa**.
I went to Rome for an audience with the **Pope**.

356- terra - *ground*

Anche il carbone si trova nella **terra**.
Coal is found in the **ground**, too.

357- comunque - *anyway*

Non sono d'accordo con la tua visione, **comunque** ti sosterrò durante le elezioni.
I don't agree with your vision, but I will support you during the elections **anyway**.

358- pensato - *thought*

Hai **pensato** a quale corso frequentare il prossimo anno?
Have you **thought** about which course you'll attend next year?

359- mie - *my*

Nessuna delle **mie** carte di credito funziona.
None of **my** credit cards work.

360- quale - *which*

Quale penna vuoi? La blu o la nera?
Which pen do you want? The blue one or the black one?

361- dovrebbe - *should*

(lui) **Dovrebbe** essere felice. Ha tutto ciò che vuole.
He **should** be happy. He has everything he wants.

362- punto - *point*

A questo **punto** non so cosa pensare.
At this **point** I do not know what to think.

363- credi - *think*

Chi (tu) ti **credi** di essere?
Who do you **think** you are?

364- contro - *against*

Mi spiace andare **contro** la sua opinione.
I'm sorry to go **against** his opinion.

365- quei - *those*

Chi ti ha regalato **quei** fiori?
Who gave you **those** flowers?

366- dollari - *dollars*

Puoi cambiare i **dollari** in banca.
You can change the **dollars** in the bank.

367- finito - *finished*

Quando avrai **finito** i compiti, mi aiuti a pulire i vetri?
When your homework will be **finished**, can you help me cleaning the windows?

368- dovrei - *should*

Perché (io) **dovrei** essere gentile con lui? Mi odia.
Why **should** I be nice to him? He hates me.

369- lì - *there*

Non stare **lì** impalato. Dammi una mano.
Don't stay **there** stock-still. Give me a hand.

370- sangue - *blood*

Ha perso molto **sangue** durante la medicazione.
He lost a lot of **blood** during the dressing.

371- stessa - *same*

Parliamo la **stessa** lingua.
We speak the **same** language.

372- vostro - *your*

Chi è il **vostro** insegnante di storia?
Who is **your** history teacher?

373- indietro - *back*

Se tornassi **indietro** nel tempo, non studierei in Italia.
If I went **back** in time, I wouldn't study in Italy.

374- sento - *feel*

(io) **Sento** che il tempo cambierà.
I **feel** the weather will change.

375- col - *with the*

Taglia la carne **col** coltello.
Cut the meat **with the** knife.

376- mani - *hands*

Non mangiare con le **mani**! Prendi una forchetta.
Don't eat with your **hands**! Take a fork.

377- ore - *hours*

Lavoro più **ore** di quelle che dovrei.
I work more **hours** than I should.

378- salve - *hello*

Salve, mi chiamo Giovanni.
Hello, my name is Giovanni.

379- aiuto - *help*

Chiedi **aiuto** se non riesci ad aprire la porta.
Ask for **help** if you can't open the door.

380- strada - *street*

L'ho vista per **strada** mentre passeggiava con una amica.
I saw her on the **street** while she was walking with a friend.

381- migliore - *best*

È il ristorante **migliore** di Milano.
It is the **best** restaurant in Milan.

382- passato - *past*

Non pensare al **passato**. Vivi il presente!
Do not think about the **past**. Live the present!

383- sue - *its*

Il cane ha lasciato le **sue** impronte ovunque.
The dog has left **its** footprints everywhere.

384- veramente - *really*

Mi fa **veramente** arrabbiare.
He **really** makes me angry.

385- dovresti - *should*

(tu) **Dovresti** uscire di più la sera.
You **should** go out more in the evening.

386- uscire - *to go out*

Mi permetti di **uscire** stasera?
Do you allow me **to go out** tonight?

387- nostri - *our*

I **nostri** vicini sono insopportabili.
Our neighbours are unbearable.

388- perso - *lost*

Ho **perso** l'anello di mia nonna e sono affranta.
I have **lost** my grandmother's ring and I am distraught.

389- occhi - *eyes*

Ai suoi **occhi** è il bambino più bravo del mondo.
In her **eyes,** he is the best child in the world.

390- chiesto - *asked*

Ti ho **chiesto** mille volte di passarmi il coltello.
I have **asked** you a thousand times to pass me the knife.

391- vostra - *your*

La **vostra** felicità è contagiosa.
Your happiness is contagious.

392- chiama - *call*

Se hai ancora la febbre, **chiama** il medico.
If you still have a fever, **call** the doctor.

393- significa - *means*

Mi spieghi cosa **significa** questa parola?
Can you explain me what this word **means**?

394- figlia - *daughter*

Sua **figlia** soffre di una malattia rara.
His **daughter** suffers from a rare disease.

395- felice - *happy*

Sono **felice** quando fuori c'è il sole.
I'm **happy** when it is sunny outside.

396- scusi - *excuse*

Mi **scusi**, dov'è la stazione?
Excuse me, where is the station?

397- andata - *gone*

Perché non mi hai detto dove saresti **andata**?
Why didn't you tell me where you would have **gone**?

398- almeno - *at least*

Potevi **almeno** avvisarmi che non saresti venuto.
You could **at least** warn me that you would not come.

399- bambini - *children*

Le piacciono molto i **bambini**.
She likes **children** very much.

400- settimana - *week*

Questa **settimana** è stata più impegnativa del solito.
This **week** was more demanding than usual.

401- parlando - *talking*

Potrei sapere di che cosa stai **parlando**?
May I know what you're **talking** about?

402- colpa - *because of*

Per **colpa** sua ho rinunciato alla carriera.
Because of him I gave up my career.

403- riesco - *can*

(io) Non **riesco** a dormire quando sono in ansia.
I **can**'t sleep when I feel anxious.

404- sola - *only*

Sono la **sola** a non lamentarmi del capo.
I'm the **only** one, who's not complaining about the boss.

405- nelle - *in the*

Che cosa nascondi **nelle** tasche della tua giacca?
What are you hiding **in the** pockets of your jacket?

406- stava - *was*

Hai visto cosa (lui) **stava** facendo?
Did you see what he **was** doing?

407- stasera - *tonight*

Stasera voglio andare a letto presto.
Tonight I want to go to bed early.

408- piccolo - *small*

È davvero **piccolo** per la sua età.
He is really **small** for his age.

409- potrei - *could*

(io) **Potrei** avere un bicchiere di aranciata?
Could I have a glass of orange juice?

410- quelli - *those*

"Vuoi questi?" "No, **quelli**".
"Do you want these?" "No, **those**".

411- tardi - *late*

Forse è troppo **tardi** per comprare i biglietti del concerto.
Maybe it's too **late** to buy the tickets for the concert.

412- possibile - *possible*

Non penso sia **possibile** dimenticarsi di lui.
I do not think it's **possible** to forget him.

413- numero - *number*

Potrei avere il tuo **numero** di telefono?
May I have your phone **number**?

414- ascolta - *listens*

(lui) Non mi **ascolta** mai e fa sempre quello che vuole.
He never **listens** to me and always does what he wants.

415- cuore - *heart*

Il **cuore** è una macchina incredibile.
The **heart** is an incredible machine.

416- scuola - *school*

Frequenta la **scuola** vicino a casa.
He attends a **school** near home.

417- invece - *instead*

Dovresti dargli un'altra opportunità, **invece**.
You should give him another chance, **instead**.

418- magari - *maybe*

Se lo inviti **magari** viene.
If you invite him, **maybe** he will come.

419- viene - *comes*

Ti dispiace se **viene** anche Giulia?
Do you mind if Giulia **comes** too?

420- ricordi - *memories*

Questa soffitta è piena di **ricordi** di infanzia.
This attic is full of childhood **memories**.

421- importante - *important*

Dice che è **importante** partecipare al meeting.
He says it is **important** to attend the meeting.

422- sapevo - *knew*

(io) **Sapevo** che era in Africa, non che si fosse trasferita negli Stati Uniti.
I **knew** she was in Africa, not that she had moved to the United States.

423- roba - *stuff*

Lascia la tua **roba** all'ingresso.
Leave your **stuff** at the entrance.

424- parlato - *talked*

Andrea mi ha **parlato** del suo nuovo lavoro.
Andrea has **talked** to me about his new job.

425- nessuna - *any/no*

Nel weekend non vado da **nessuna** parte.
I'm not going **any**where this weekend.

426- possa - *can*

Spero che tu **possa** capire.
I hope you **can** understand.

427- spero - *hope*

"Passerai gli esami?" "(io) Lo **spero**".
"Will you pass the exams?" "I **hope** so".

428- c'era - *there was*

C'era un gattino dietro i cespugli.
There was a kitten behind the bushes.

429- chiamato - *called*

Grazie per aver **chiamato** la nostra agenzia.
Thank you for having **called** our agency.

430- messo - *put*

Non ricordo dove ho **messo** le chiavi.
I don't remember where I have **put** the keys.

431- venuto - *come*

Con chi sei **venuto**?
Who have you **come** with?

432- lasciato - *left*

Ho **lasciato** il computer al lavoro, così posso rilassarmi stasera.
I have **left** the computer at work, so I can relax tonight.

433- cinque - *five*

Dopo **cinque** anni di scuola, non sa ancora leggere bene.
After **five** years at school, he still can't read well.

434- pensare - *to think*

Durante l'esame ero così agitato che non riuscivo a **pensare**.
During the exam I was so nervous that I was not able **to think**.

435- anch'io - *same here*

"Vorrei una birra" "**Anch'io**!"
"I'd like a beer" "**Same here**!"

436- dietro - *behind*

Chi c'è **dietro** questo progetto?
Who is **behind** this project?

437- marito - *husband*

Ho incontrato mio **marito** al liceo.
I met my **husband** at the high school.

438- qualsiasi - *any*

Voglio riuscirci a **qualsiasi** costo.
I want to succeed at **any** cost.

439- lascia - *let*

Lascia che sia.
Let it be.

440- dicendo - *saying*

Cosa stai **dicendo**?
What are you **saying**?

441- entrare - *to enter*

Non puoi **entrare** senza biglietto.
You can't **enter** without a ticket.

442- dovremmo - *should*

Pensi che (noi) **dovremmo** chiamarlo dopo la litigata di ieri?
Do you think we **should** call him after yesterday's fight?

443- pensa - *thinks*

(lui) Non **pensa** mai alle conseguenze di ciò che fa.
He never **thinks** about the consequences of what he does.

444- fanno - *make*

Le sue canzoni **fanno** piangere.
His songs **make** people cry.

445- altre - *other*

Hai **altre** alternative?
Do you have **other** alternatives?

446- serio - *serious*

Non sono troppo **serio**, sono responsabile.
I'm not too **serious**, I'm responsible.

447- fossi - *were*

Se (io) **fossi** in te, lascerei l'azienda.
If I **were** you, I'd leave the company.

448- sentire - *to listen*

Mi piacerebbe **sentire** il nuovo album di quella band.
I'd like **to listen** to that band's new album.

449- capitano - *captain*

È il **capitano** della squadra di football della scuola.
He is the **captain** of the school football team.

450- dov'é - *where is*

Se solo sapessi **dov'è** quel maglione.
If only I knew **where** that sweater **is**.

451- fatta - *done*

Sei piena di lividi. Cosa ti sei **fatta**?
You are full of bruises. What have you **done**?

452- stanza - *room*

La mia **stanza** è al piano di sopra.
My **room** is upstairs.

453- piccola - *small*

La mia cartella è così **piccola** che non ci stanno i libri.
My school bag is so **small** that no books fit in.

454- forte - *strong*

Un **forte** vento scoperchiò le case in città.
A **strong** wind uncovered the houses in the city.

455- portato - *brought*

Hai **portato** il DVD che ti ho chiesto?
Have you **brought** the DVD I asked you?

456- corpo - *body*

Ho delle macchie rosse in tutto il **corpo**.
I have red spots all over my **body**.

457- stia - *is*

Spero che (lui) **stia** bene.
I hope he **is** all right.

458- difficile - *difficult*

È **difficile** essere pazienti in determinate circostanze.
It is **difficult** to be patient under certain circumstances.

459- quattro - *four*

È il primo di **quattro** fratelli.
He is the first of **four** brothers.

460- probabilmente - *probably*

Probabilmente avremo un nuovo insegnante il prossimo anno.
We will **probably** have a new teacher next year.

461- ieri - *yesterday*

Ieri è stato il giorno più duro della mia vita.
Yesterday was the hardest day of my life.

462- genere - *kind*

Che **genere** di musica ti piace?
What **kind** of music do you like?

463- vicino - *next to*

Siediti qui **vicino** a me.
Sit down here **next to** me.

464- prendi - *take*

A che ora (tu) **prendi** l'autobus?
What time do you **take** the bus?

465- dottore - *doctor*

Il **dottore** dice che ho bisogno di riposo.
The **doctor** says I need rest.

466- potuto - *could*

(tu) Avresti **potuto** dirmelo che eri in difficoltà.
You **could** have told me you were in trouble.

467- morire - *to die*

Stavo per **morire** di paura.
I was about **to die** of fear.

468- andando - *going*

Dove stai **andando**?
Where are you **going**?

469- papà - *dad*

Mio **papà** è più giovane di mia mamma.
My **dad** is younger than my mother.

470- importa - *matters*

Non **importa** se non ti piace, devi mangiarla.
It **does** not **matter** if you do not like it, you have to eat it.

471- sacco - *bag*

Metti la spazzatura nel **sacco** e lascialo fuori.
Put the trash in the **bag** and leave it outside.

472- vecchio - *old*

Ho un **vecchio** giradischi che mi ricorda l'infanzia.
I have an **old** record player that reminds me of my childhood.

473- tue - *your*

Sono stufo delle **tue** bugie.
I'm fed up with **your** lies.

474- verso - *around*

Verrò **verso** le 17:00.
I am coming **around** 5pm.

475- problemi - *problems*

Tutti abbiamo **problemi**, ma lui di più.
We all have **problems**, but he has more.

476- bravo - *good*

È molto **bravo** a giocare a basket.
He is very **good** at playing basketball.

477- poco - *a little*

Perché non ci metti un **poco** di impegno?
Why don't you put **a little** effort into it?

478- eri - *were*

Non sapevo che (tu) **eri** andato via.
I didn't know you **were** gone.

479- donne - *women*

Nel mio ufficio siamo tutte **donne**.
In my office we are all **women**.

480- squadra - *team*

Fa parte della **squadra** di football della scuola.
He is part of the school football **team**.

481- fantastico - *fantastic*

Quel film è **fantastico**!
That movie is **fantastic**!

482- farò - *will do*

(io) **Farò** ciò che mi dirai.
I **will do** what you tell me.

483- dare - *to give*

Mi sono dimenticata di **dare** le chiavi a mia mamma.
I forgot **to give** the keys to my mum.

484- parla - *speaks*

(lui) **Parla** sempre troppo.
He always **speaks** too much.

485- amo - *love*

(io) **Amo** il mio cane.
I **love** my dog.

486- sappiamo - *know*

(noi) **Sappiamo** che sei stato tu, quindi confessa!
We **know** it was you, so confess!

487- guerra - *war*

Quelle due famiglie sono in **guerra** da anni.
Those two families have been at **war** for years.

488- capire - *to understand*

Credo proprio che tu non voglia **capire**.
I really think you don't want **to understand**.

489- ben - *well*

Magnifico, **ben** fatto!
Magnificent, **well** done!

490- voleva - *wanted*

Ha avuto ciò che (lui) **voleva**, ora è contento.
He has had what he **wanted**, now he is happy.

491- qual - *what*

Qual è il problema?
What is the problem?

492- domanda - *question*

L'insegnante mi ha fatto una **domanda** molto difficile.
The teacher asked me a very difficult **question**.

493- conto - *bill*

Il **conto**, per favore.
The **bill**, please.

494- strano - *strange*

Mi sembra **strano** che non ti abbia salutato.
It seems **strange** to me that he did not greet you.

495- film - *movie*

Hai voglia di vedere un **film** stasera?
Do you want to see a **movie** tonight?

496- prova - *proof*

Il suo silenzio era la **prova** che le serviva.
His silence was all the **proof** she needed.

497- pare - *seems*

Mi **pare** che stia molto bene.
It **seems** to me that he is very well.

498- mesi - *months*

Ci siamo trasferiti a Londra dopo due **mesi** a Roma.
We moved to London after two **months** in Rome.

499- farti - *to let you*

Volevo solo **farti** sapere che domani partirò.
I just wanted **to let you** know that I'm leaving tomorrow.

500- paio - *pair*

Ha appena comprato un nuovo **paio** di stivali.
He has just bought a new **pair** of boots.

501- conosco - *know*

(io) Non **conosco** il significato di quella parola.
I don't **know** the meaning of that word.

502- telefono - *phone*

Il **telefono** sta suonando; qualcuno può rispondere?
The **phone** is ringing; can anyone answer?

503- senso - *sense*

Non ha **senso** quello che dici.
What you say doesn't make any **sense**.

504- festa - *party*

Finita la **festa**, siamo andati tutti a casa.
After the **party**, we all went home.

505- esattamente - *exactly*

Fa sempre **esattamente** l'opposto di quello che dice.
He always does **exactly** the opposite of what he says.

506- perdere - *to lose*

Non è abituato a **perdere**.
He is not used **to losing**.

507- mezzo - *middle*

Sono rimasto fermo in **mezzo** al traffico per mezzora.
I have been stuck in the **middle** of the traffic for half an hour.

508- foto - *picture*

Ci fai una **foto**, per favore?
Can you take a **picture** of us, please?

509- ragazze - *girls*

Nella mia classe siamo tutte **ragazze**.
In my class we are all **girls**.

510- attimo - *moment*

Se aspetti un **attimo** ti racconto tutto.
If you wait a **moment,** I'll tell you everything.

511- vista - *view*

Quella casa ha una bellissima **vista** sulla città.
That house has a beautiful **view** over the city.

512- sopra - *on*

Ho lasciato i vestiti stirati **sopra** il tuo letto.
I left the ironed clothes **on** your bed.

513- vivere - *to live*

Vorrei **vivere** in una grande città.
I would like **to live** in a big city.

514- ricordo - *memory*

Non ho nessun **ricordo** dei miei nonni.
I have no **memory** of my grandparents.

515- piedi - *feet*

Ho camminato così tanto che mi fanno male i **piedi**.
I walked so much that my **feet** hurt.

516- fate - *let*

Perché (voi) non mi **fate** conoscere i vostri nuovi amici?
Why don't you **let** me know your new friends?

517- pure - *too*

Pure io sono rimasta colpita dal suo atteggiamento.
I was impressed by his attitude **too**.

518- nuova - *new*

Ha una **nuova** ragazza.
He has a **new** girlfriend.

519- divertente - *funny*

Non è stato affatto **divertente** rimanere chiusi in ascensore.
It was not **funny** at all to stay locked in the elevator.

520- traduzione - *translation*

Devo finire la **traduzione** di questo testo dall'italiano all'inglese.
I have to finish the **translation** of this text from Italian to English.

521- farmi - *to let me*

Non vuole **farmi** sapere come sta.
He doesn't want **to let me** know how he is.

522- mente - *mind*

Ho un progetto in **mente** e voglio realizzarlo.
I have a project in my **mind** and I want to make it happen.

523- possono - *can*

I tuoi bambini **possono** venire a giocare a casa nostra?
Can your children come to play at our house?

524- controllo - *check*

La polizia mi ha fermato per un **controllo** documenti.
The police stopped me for a document **check**.

525- gioco - *game*

Questo è il **gioco** preferito di mio figlio.
This is my son's favorite **game**.

526- parola - *word*

Non dire una **parola** su ciò che è successo.
Don't say a **word** about what happened.

527- sicura - *sure*

Sei **sicura** che è lui il fidanzato di Clelia?
Are you **sure** he's Clelia's boyfriend?

528- pistola - *gun*

I ladri hanno colpito la vittima con una **pistola**.
The thieves hit the victim with a **gun**.

529- resto - *rest*

Mi interessa solo che si senta bene, il **resto** non conta.
I'm only interested that he's feeling well, the **rest** doesn't matter.

530- sorella - *sister*

Come si chiama tua **sorella**?
What's your **sister**'s name?

531- credere - *to believe*

(tu) Non **credere** che sia bello viaggiare per lavoro.
Don't **believe** it is good to travel for business.

532- spiace - *sorry*

Mi **spiace** che ti sia arrabbiata.
I'm **sorry** you're angry.

533- fuoco - *fire*

Non accende i fiammiferi per paura del **fuoco**.
She doesn't light matches for fear of **fire**.

534- motivo - *reason*

Per quale **motivo** hai deciso di non fare l'esame?
What's the **reason** why you decided not to take the exam?

535- siano - *are*

Credo che (loro) **siano** Americani.
I think they **are** Americans.

536- città - *town*

Milano è la mia **città** natale.
Milan is my home **town**.

537- potresti - *could*

(tu) **Potresti** aiutarmi con questa traduzione?
Could you help me with this translation?

538- figli - *sons*

Ha quattro **figli** maschi e lavorano tutti all'estero.
He has four **sons** and they all work abroad.

539- fortuna - *fortune*

Per **fortuna** nessuno si è fatto male nell'incidente.
By **fortune**, no one was hurt in the accident.

540- dammi - *give me*

(tu) **Dammi** una mano con queste scatole.
Give me a hand with these boxes.

541- tizio - *guy*

Chi è quel **tizio** che parla con Gaia?
Who is that **guy** talking to Gaia?

542- finita - *finished*

Ho capito finalmente che la nostra storia è **finita**.
I finally realized that our relationship was **finished**.

543- là - *there*

Metti la tua roba **là** nell'angolo.
Put your stuff **there** in the corner.

544- dica - *tell*

Non accetto che tu mi **dica** cosa fare.
I do not accept that you **tell** me what to do.

545- passare - *pass*

Fammi **passare**, ho fretta.
Let me **pass**, I'm in a hurry.

546- quanti - *how many*

Quanti studenti sono presenti oggi?
How many students are in today?

547- sapete - *know*

(voi) **Sapete** come si arriva in centro città?
Do you **know** how to get to the city centre?

548- morta - *dead*

Qualcuno considera il Latino una lingua **morta**.
Someone considers Latin as a **dead** language.

549- chiamo - *call*

(io) Ti **chiamo** tra cinque minuti per avere aggiornamenti.
I'll **call** you in five minutes to get updates.

550- cioè - *that is*

È suo marito, **cioè** il suo ex-marito.
He is her husband, **that is** her ex-husband.

551- agente - *officer*

Suo figlio lavora come **agente** di polizia.
His son works as a police **officer**.

552- volete - *want*

Se (voi) **volete** vi porto io alla stazione.
If you **want**, I'll drive you to the station.

553- sicurezza - *safety*

La mia azienda non investe molto in **sicurezza**.
My company does not invest much in **safety**.

554- fu - *was*

Fu suo padre a chiamare i soccorsi.
It **was** his father who called for help.

555- lavorare - *work*

Mi hanno chiesto di **lavorare** anche la domenica.
They asked me **to work** on Sundays too.

556- tratta - *route*

La prima **tratta** del viaggio è stata la migliore.
The first **route** of the trip was the best.

557- avessi - *had*

Se (io) **avessi** tanti soldi, non lavorerei.
If I **had** so much money, I would not work.

558- dalle - *from*

Dalle 17:00 alle 18:00 vado in piscina a nuotare.
From 5pm to 6pm I go swimming in the pool.

559- uccidere - *to kill*

Potresti rischiare di **uccidere** qualcuno se guidi senza patente!
You might risk **to kill** someone if you drive without a license!

560- esatto - *exact*

Qual è lo spelling **esatto** del tuo cognome?
What is the **exact** spelling of your last name?

561- signorina - *miss*

La chiamano **signorina**, anche se ha marito e figli.
They call her **Miss**, even if she has a husband and children.

562- anno - *year*

L'**anno** prossimo mi trasferirò in Canada.
Next **year** I will move to Canada.

563- avevi - *had*

Ho trovato il libro che (tu) mi **avevi** chiesto.
I have found the book you **had** asked me.

564- cercare - *to look for*

Ha dedicato la sua vita a **cercare** la verità.
He dedicated his life **to look for** the truth.

565- potremmo - *could*

(noi) **Potremmo** condividere la stanza, cosa ne pensi?
We **could** share the room, what do you think?

566- amore - *love*

Ha curato suo marito con **amore** per diversi anni.
He has cared for her husband with **love** for several years.

567- sarei - *would have*

Se (io) avessi saputo che era qui, (io) non **sarei** venuta.
If I had known he was here, I **would** not **have** come.

568- ultima - *last*

È l'**ultima** volta che te lo dico!
It's the **last** time I tell you!

569- perfetto - *perfect*

Questo è il luogo **perfetto** per una vacanza.
This is the **perfect** place for a holiday.

570- mangiare - *to eat*

Faresti bene a non **mangiare** se hai lo stomaco sottosopra.
You'd better not **to eat** if your stomach is upset.

571- facile - *easy*

Non è stato **facile** cambiare il mio lavoro.
It was not **easy** to change my job.

572- succedendo - *happening*

Dimmi cosa ti sta **succedendo**.
Tell me what's **happening** to you.

573- cena - *dinner*

Per **cena** mangio sempre verdura.
For **dinner**, I always eat vegetables.

574- vivo - *alive*

Era ancora **vivo** quando è arrivata l'ambulanza.
He was still **alive** when the ambulance arrived.

575- saranno - *will be*

Ci **saranno** migliaia di persone che aspettano di vederlo.
There **will be** thousands of people waiting to see him.

576- davanti - *in front of*

Se ti siedi **davanti** a me non vedo nulla.
If you sit **in front of** me, I will see nothing.

577- agli - *to the*

Dedica il suo tempo libero **agli** altri.
He devotes his free time **to the** others.

578- molti - *many*

Non ho **molti** amici perché sono timido.
I do not have **many** friends because I'm shy.

579- verità - *truth*

Voglio sapere l'assoluta **verità** sul furto.
I want to know the absolute **truth** about the theft.

580- nave - *ship*

Abbiamo attraversato il Mar Mediterraneo in **nave**.
We crossed the Mediterranean Sea by **ship**.

581- vogliono - *want*

(loro) Non **vogliono** dirci le soluzioni del test di matematica.
They don't **want** to tell us the solutions of the math test.

582- vada - *go*

Dove vuoi che (io) **vada** con quell'auto?
Where do you want me to **go** with that car?

583- fammi - *let me*

(tu) **Fammi** vedere cosa hai scritto su quel foglio!
Let me see what you wrote on that sheet!

584- ricevuto - *received*

Non ho **ricevuto** alcun commento positivo sul film.
I haven't **received** any positive comments on the film.

585- entrambi - *both*

Entrambi i suoi figli sono mancini.
Both his sons are left-handed.

586- faremo - *will do*

Non so cosa (noi) **faremo** domani.
I do not know what we **will do** tomorrow.

587- voglia - *will*

Non lavora perché non ha **voglia**.
He doesn't work because he doesn't have any **will**.

588- sulle - *on the*

Il gatto è **sulle** scale antincendio.
The cat is **on the** fire escape stairs.

589- unica - *only one*

È l'**unica** della famiglia che non parla tedesco.
She is the **only one** in the family who does not speak German.

590- pace - *peace*

Ha mandato un messaggio di **pace** ai suoi avversari.
He sent a message of **peace** to his opponents.

591- avresti - *would have*

Cosa (tu) **avresti** fatto al posto suo?
What **would** you **have** done in his place?

592- mettere - *to put*

Ti prego di non **mettere** i piedi sul tavolo.
I ask you please not **to put** your feet on the table.

593- sui - *on the*

Ha lanciato la palla **sui** binari del treno.
He threw the ball **on the** train tracks.

594- bere - *to drink*

Vuoi qualcosa da **bere**?
Would you like something **to drink**?

595- negli - *in the*

Ho qualcosa **negli** occhi che mi prude.
I have something **in the** eyes that itches me.

596- nostre - *our*

Le **nostre** figlie sono ben educate.
Our daughters are well educated.

597- re - *king*

I consiglieri del **re** lo hanno avvisato del pericolo.
The **king**'s advisors warned him of the danger.

598- vuol - *wants*

Non sa mai cosa (lui) **vuol** fare.
He never knows what he **wants** to do.

599- fra - *in*

Fra cinque minuti arriverà un temporale.
In five minutes a storm will arrive.

600- finché - *until*

Aspetterò con te **finché** arriveranno i tuoi genitori.
I will wait with you **until** your parents arrive.

601- affari - *business*

Non sono **affari** tuoi!
It's none of your **business**!

602- causa - *cause*

La **causa** dell'incidente è ancora ignota.
The **cause** of the accident is still unknown.

603- mandato - *sent*

I miei genitori mi hanno **mandato** della mozzarella dall'Italia.
My parents have **sent** me some mozzarella from Italy.

604- giù - *down*

Lo vedo un po' **giù** di morale.
I see him a little **down**.

605- tieni - *hold*

Se (tu) **tieni** il guinzaglio troppo stretto il cane non sarà contento.
If you **hold** the leash too tight the dog will not be happy.

606- arrivare - *to get to*

Ci vogliono due ore per **arrivare** a scuola.
It takes two hours **to get to** school.

607- vogliamo - *want*

(noi) Siamo liberi di fare ciò che (noi) **vogliamo**.
We are free to do what we **want**.

608- dicono - *say*

Non parlare! Voglio sentire cosa (loro) **dicono**.
Don't speak! I want to hear what they **say**.

609- italiano - *Italian*

Studio **italiano** ormai da tre anni.
I have been studying **Italian** for three years.

610- farai - *will do*

Cosa (tu) **farai** senza lavoro?
What **will** you **do** without a job?

611- situazione - *situation*

La sua **situazione** sta peggiorando.
His **situation** is getting worse.

612- capisci - *understand*

Non so se (tu) mi **capisci**, ma io sto male.
I don't know if you **understand** me, but I'm sick.

613- piuttosto - *rather than*

Piuttosto che andare in bus, preferisco andare a piedi.
Rather than going by bus, I prefer walking.

614- sbagliato - *made a mistake*

Ha **sbagliato** a licenziarsi.
He has **made a mistake** to resign.

615- potete - *can*

(voi) **Potete** darmi un passaggio in ufficio?
Can you give me a ride to the office?

616- paese - *country*

Da che **paese** vieni?
What **country** are you from?

617- lasciare - *leave*

Non lo posso **lasciare** da solo perché combina pasticci.
I can't **leave** him alone because he makes messes.

618- campo - *field*

Il **campo** da calcio è stato rovinato dalla neve.
The football **field** has been ruined by snow.

619- genitori - *parents*

Dove vivono i tuoi **genitori**?
Where do your **parents** live?

620- presidente - *president*

Si è candidato alle elezioni per diventare **presidente**.
He is a candidate for elections to become **president**.

621- chiunque - *anyone*

Non dovresti dare il tuo numero di telefono a **chiunque**.
You shouldn't give your phone number to **anyone**.

622- lungo - *long*

Quanto è **lungo** quel tavolo?
How **long** is that table?

623- prossima - *next*

La **prossima** volta che vai al cinema chiedi lo sconto studenti.
Next **time** you go to the cinema, ask for the student discount.

624- signori - *gentlemen*

Quei **signori** fanno commenti sgradevoli.
Those **gentlemen** make unpleasant comments.

625- sesso - *sex*

Non conosciamo ancora il **sesso** del nascituro.
We don't know yet the **sex** of the unborn child.

626- andate - *go*

Fammi sapere dove (voi) **andate**.
Let me know where you **go**.

627- cura - *care*

(tu) Prenditi **cura** di tuo fratello mentre sono al lavoro.
Take **care** of your brother while I'm at work.

628- dirmi - *tell me*

(tu) Puoi **dirmi** cosa ne pensi di questo vestito?
Can you **tell me** what you think of this dress?

629- arrivato - *arrived*

Ieri è **arrivato** tardi a scuola.
Yesterday he **arrived** late at school.

630- smettila - *stop (that)*

(tu) **Smettila** di lamentarti!
Stop complaining!

631- parole - *words*

Le **parole** volano, lo scritto rimane.
Words fly, the script remains.

632- torna - *comes back*

Non mi dice mai a che ora (lui) **torna**.
He never tells me what time he **comes back**.

633- minuto - *minute*

Ho prenotato il volo all'ultimo **minuto**.
I booked the flight at the last **minute**.

634- scelta - *choice*

È stata una **scelta** o è stato obbligato a trasferirsi?
Was it a **choice** or was he forced to relocate?

635- buongiorno - *good morning*

Buongiorno signora Rossi, come sta?
Good morning Mrs. Rossi, how are you?

636- vede - *sees*

(lei) **Vede** bene solo con gli occhiali da vista.
She only **sees** well with her glasses.

637- aspettare - *wait*

C'erano molte ragazze ad **aspettare** il cantante.
There were many girls **waiting** for the singer.

638- durante - *during*

Non so mai cosa fare **durante** le vacanze di Pasqua.
I never know what to do **during** the Easter holidays.

639- unico - *only*

È l'**unico** modo per farle capire qualcosa.
It's the **only** way to make her understand something.

640- matrimonio - *wedding*

Il **matrimonio** verrà celebrato nella cattedrale della città.
The **wedding** will be celebrated in the cathedral of the city.

641- buono - *voucher*

Mi hanno dato un **buono** per una spesa gratuita al supermercato.
I was given a **voucher** to shop for free at the supermarket.

642- libro - *book*

Il suo ultimo **libro** è un grande successo.
His latest **book** is a great success.

643- alcuni - *some*

Alcuni dei miei colleghi si lamentano dello stipendio.
Some of my colleagues complain about their salary.

644- ottimo - *great*

Quel ristorante serve **ottimo** cibo a buon prezzo.
That restaurant serves **great** food at a good price.

645- dieci - *ten*

A **dieci** anni è già un campione del ciclismo.
At the age of **ten**, he is already a cycling champion.

646- sistema - *system*

Questo **sistema** di pagamento non accetta qualsiasi carta di credito.
This payment **system** does not accept any credit card.

647- qualunque - *whatever*

Qualunque sia la tua idea, sarò dalla tua parte.
Whatever your idea is, I'll be on your side.

648- portare - *to bring*

Dove è possibile **portare** i vestiti che non uso più?
Where is it possible **to bring** the clothes I don't use anymore?

649- cavolo - *cabbage*

Mangio qualsiasi verdura, eccetto il **cavolo**.
I eat any vegetables, except **cabbage**.

650- sarai - *will be*

Non so dove (tu) **sarai** tra 5 anni.
I don't know where you **will be** in 5 years.

651- stupido - *stupid*

Sono stato così **stupido** a credere alle sue bugie.
I was so **stupid** to believe in her lies.

652- settimane - *weeks*

Dopo due **settimane** è già stato licenziato.
After two **weeks** he has already been fired.

653- molte - *many*

Mangia **molte** caramelle durante la giornata.
She eats **many** sweets during the day.

654- gran - *big*

Non è stato un **gran** affare.
It was not a **big** deal.

655- fatti - *facts*

Devi dimostrare con i **fatti** che hai talento.
You must demonstrate with **facts** you have talent.

656- provato - *tried*

Ho **provato** a spiegarle che le bugie non servono.
I have **tried** to explain to her that lies are not needed.

657- diventare - *to become*

Da piccola il mio sogno era **diventare** una maestra.
As a child my dream was **to become** a teacher.

658- farò - *will do*

Cosa (io) **farò** senza di te?
What **will** I **do** without you?

659- prigione - *prison*

Lavorare in quell'ufficio è come essere in **prigione**.
Working in that office is like being in **prison**.

660- chiedo - *ask*

Scusa se (io) te lo **chiedo**. Tua sorella è fidanzata?
Sorry if I **ask** you. Is your sister engaged?

661- voluto - *wanted*

Chi ha **voluto** costruire quel muro?
Who has **wanted** to build that wall?

662- scoperto - *discovered*

Da quando ha **scoperto** che non ha passato l'esame è molto apatico.
Since he has **discovered** that he didn't pass the exam, he is very apathetic.

663- scritto - *written*

Mi ha **scritto** una lettera lunghissima per scusarsi.
He has **written** me a very long letter to apologise.

664- cerca - *looks for*

Chi **cerca** un amico trova un tesoro.
Who **looks for** a friend finds a treasure.

665- messaggio - *message*

Mi ha lasciato un **messaggio** sulla lavagna.
He left me a **message** on the blackboard.

666- realtà - *reality*

La **realtà** è molto diversa dai sogni.
Reality is very different from dreams.

667- pronti - *ready*

Mandatemi un messaggio quando siete **pronti**.
Text me when you are **ready**.

668- attenzione - *care*

Fai **attenzione** e non calpestare i fiori.
Pay **attention** and don't step on the flowers.

669- dormire - *to sleep*

Vai a **dormire** presto se sei stanco.
Go **to sleep** early if you're tired.

670- luce - *light*

Spegni la **luce** prima di uscire.
Turn off the **light** before leaving.

671- parli - *speak*

Se (tu) **parli**, tutti sapranno la verità.
If you **speak**, everyone will know the truth.

672- conosci - *know*

(tu) **Conosci** Carlo?
Do you **know** Carlo?

673- assolutamente - *absolutely*

Non posso **assolutamente** mancare al tuo concerto.
I **absolutely** can't miss your concert.

674- immagino - *guess*

(io) **Immagino** che tu sia la sorella di Barbara.
I **guess** you're Barbara's sister.

675- dello - *of the*

Posso avere una penna **dello** stesso colore?
Can I have a pen **of the** same colour?

676- eravamo - *were*

Quando (noi) **eravamo** giovani, ci piaceva andare in discoteca.
When we **were** young, we enjoyed going to the disco.

677- cane - *dog*

Il **cane** dei vicini abbaia costantemente.
The neighbours' **dog** barks constantly.

678- guardare - *to look at*

Mi sono fermato a **guardare** le vetrine in centro.
I stopped **to look at the** shop windows in the centre.

679- tornato - *come back*

Sono appena **tornato** dagli Stati Uniti.
I have just **come back** from the USA.

680- giornata - *day*

La mia **giornata** è davvero molto lunga.
My **day** is really long.

681- usare - *to use*

Mi piace **usare** l'auto di mio papà.
I like **to use** my dad's car.

682- avesse - *had*

Per chi non **avesse** ancora mangiato, il buffet è aperto.
For those who **had** not eaten yet, the buffet is open.

683- passo - *pace*

Mio figlio ha fatto il suo primo **passo** all'età di un anno.
My son walked his first **pace** at the age of one.

684- chiamare - *to call*

Non puoi **chiamare** l'ambulanza solo per un semplice mal di testa.
You can't **call** the ambulance just for a simple headache.

685- continua - *goes on*

Se **continua** a piovere staremo in casa.
If it **goes on** raining we will stay at home.

686- credevo - *thought*

(io) **Credevo** di non saperlo fare.
I **thought** I did not know how to do it.

687- saperlo - *to know it*

Non voglio che venga a **saperlo**.
I don't want him **to know it**.

688- benissimo - *very well*

"Come stai?" "**Benissimo**, e tu?"
"How are you?" "**Very well** and you?"

689- lontano - *afar*

Non vedo nulla da **lontano**.
I see nothing from **afar**.

690- cielo - *sky*

Il **cielo** oggi ha un colore brillante.
Today the **sky** has a bright colour.

691- futuro - *future*

In un prossimo **futuro** cambierò l'arredamento.
In the near **future,** I will change the furniture.

692- venuta - *come*

È **venuta** recentemente a trovarmi.
She has recently **come** to see me.

693- pensando - *thinking*

A cosa stai **pensando**?
What are you **thinking** about?

694- restare - *to stay*

Oggi vorrei **restare** a casa.
Today I would like **to stay** at home.

695- voce - *voice*

Alza la **voce**, non ti sento!
Raise your **voice**, I can't hear you!

696- trova - *finds*

(lei) **Trova** un quadrifoglio ogni volta che va al parco.
She **finds** a four-leaf clover every time she goes to the park.

697- fretta - *hurry*

Non ho **fretta** di trovare un lavoro.
I'm not in a **hurry** to get a job.

698- generale - *general*

In **generale**, i bambini sono più creativi degli adulti.
In **general**, children are more creative than adults.

699- domande - *questions*

Per favore, evita di fare troppe **domande**.
Please avoid asking too many **questions**.

700- circa - *about*

Circa 2.000 persone hanno manifestato in piazza.
About 2,000 people demonstrated in the square.

701- funziona - *works*

Questo computer **funziona** meglio di quello là.
This computer **works** better than that one.

702- capelli - *hair*

Il colore dei tuoi **capelli** è naturale?
Is the colour of your **hair** natural?

703- dirlo - *say it*

Puoi **dirlo** forte!
You can **say it** for sure!

704- preoccuparti - *worry*

(tu) Non **preoccuparti**, ti presteremo noi i soldi per la casa.
Don't **worry**, we'll lend you the money for the house.

705- poter - *to be able to*

Spero di **poter** contare sulla tua presenza.
I hope **to be able to** count on your presence.

706- gruppo - *group*

Suona con un **gruppo** di musicisti irlandesi.
He plays with a **group** of Irish musicians.

707- provare - *to try*

Vorrei **provare** a guidare la tua auto, posso?
I would like **to try** driving your car, can I?

708- crede - *believes*

(lei) **Crede** a tutte le bugie che le dicono.
She **believes** in all the lies they tell her.

709- giovane - *young*

Quando sei **giovane** tutto ti è permesso dalla moda.
When you're **young**, fashion allows you to do anything.

710- semplice - *simple*

Puoi spiegarlo in modo **semplice**?
Can you explain it in a **simple** way?

711- bambina - *child*

Da **bambina** amavo giocare con le bambole.
As a **child,** I loved playing with dolls.

712- giocare - *to play*

Sabato pomeriggio vado a **giocare** con Emma.
Saturday afternoon I am going **to play** with Emma

713- solito - *usual*

È in ritardo, come al **solito**.
He's late, as **usual**.

714- bagno - *bathroom*

È chiusa in **bagno** da due ore.
She's been locked in the **bathroom** for two hours.

715- specie - *species*

Quella **specie** animale mi è sconosciuta.
That animal **species** is unknown to me.

716- deciso - *decided*

Fammi sapere cosa hai **deciso**.
Let me know what you've **decided**.

717- armi - *weapons*

La polizia ha trovato delle **armi** nella casa del mio vicino.
The police found **weapons** in my neighbour's house.

718- riguardo - *about*

Cosa sai **riguardo** al bilancio dell'azienda?
What do you know **about** the company's budget?

719- oltre - *besides*

Oltre a essere bello, è anche simpatico.
Besides being handsome, he is also nice.

720- allo - *to the*

Vado **allo** stadio tutte le domeniche.
I go **to the** stadium every Sunday.

721- revisione - *revision*

L'insegnante mi ha consigliato di fare una **revisione** del testo.
The teacher advised me to make a **revision** of the text.

722- speciale - *special*

È un'amica davvero **speciale**.
She's a very **special** friend.

723- però - *however*

Quella borsa è molto cara, **però** è bella.
That bag is very expensive, **however,** it's beautiful.

724- piacerebbe - *would like*

Cosa ti **piacerebbe** fare per il tuo compleanno?
What **would** you **like** to do for your birthday?

725- soltanto - *only*

Parla **soltanto** con i suoi genitori.
He **only** speaks with his parents.

726- farà - *will do*

Mi chiedo cosa (lui) **farà** da grande.
I wonder what he **will do** when he grows up.

727- bocca - *mouth*

Chiudi la **bocca** mentre mangi!
Close your **mouth** while eating!

728- cambiare - *to change*

Ho provato a **cambiare** lavoro, ma invano.
I tried **to change** job but in vain.

729- musica - *music*

Studia **musica** al Conservatorio.
He studies **music** at the Conservatory.

730- grado - *degree*

I candidati non hanno lo stesso **grado** di preparazione.
Candidates don't have the same **degree** of preparation.

731- arrivo - *arrival*

Qual è l'orario di **arrivo** del volo?
What's the flight **arrival** time?

732- camera - *room*

Queste sono le chiavi della **camera** 301.
These are the keys of **room** 301.

733- Natale - *Christmas*

Tra pochi giorni è **Natale** e non ho comprato alcun regalo finora.
In a few days it's **Christmas** and I haven't bought any presents so far.

734- permesso - *permission*

Mi dai il **permesso** di saltare la scuola oggi?
Can you give me **permission** to skip school today?

735- cara - *dear*

È proprio una **cara** persona.
She's just a **dear** person.

736- chiaro - *clear*

Mettiamo subito in **chiaro** le rispettive responsabilità.
Let's immediately make it **clear** our respective responsibilities.

737- aiutare - *to help*

Sei disponibile ad **aiutare** Maria con i compiti?
Are you available **to help** Maria with her homework?

738- cercato - *searched*

Ho **cercato** ovunque, ma non ci sono tracce di Tim.
I've **searched** everywhere, but there are no traces of Tim.

739- vostri - *your*

Sono **vostri** quei cappotti?
Are those **your** coats?

740- chiami - *call me*

Non voglio che (tu) mi **chiami** quando sono in ufficio.
I do not want you to **call me** when I'm in the office.

741- ufficio - *office*

Il mio **ufficio** è a poche fermate da casa.
My **office** is just a few stops from home.

742- metti - *put*

Mi spiace che (tu) **metti** poco impegno nel progetto.
I'm sorry you **put** little effort into the project.

743- semplicemente - *simply*

Io potrei accompagnarti, **semplicemente** non ho voglia.
I could accompany you, I **simply** don't want to.

744- possibilità - *possibility*

C'è anche la **possibilità** che ti stia sbagliando.
There's also the **possibility** that you're wrong.

745- viaggio - *trip*

Per la laurea, le hanno regalato un **viaggio** a Dubai.
For the degree, they gave her a **trip** to Dubai.

746- prove - *evidence*

Non ci sono **prove** contro di lui.
There is no **evidence** against him.

747- devono - *have to*

(loro) **Devono** correre se non vogliono perdere il treno.
They **have to** run if they don't want to miss the train.

748- pazzo - *fool*

Solo un **pazzo** crederebbe alle sue teorie.
Only a **fool** would believe in his theories.

749- dovete - *have to*

Se (voi) **dovete** andare, andate e basta.
If you **have to** go, just go.

750- cibo - *food*

È sempre in cerca di **cibo** nel frigorifero.
He is always looking for **food** in the fridge.

751- di colpo - *suddenly*

L'auto si è fermata **di colpo**, provocando un incidente.
The car stopped **suddenly**, causing an accident.

752- resta - *stay*

(tu) **Resta** fermo e non parlare!
Stay still and don't speak!

753- odio - *hatred*

Non capisco tutto quell'**odio** nei suoi confronti.
I don't understand all that **hatred** of him.

754- arriva - *arrives*

Voglio essere qui quando (lei) **arriva**.
I want to be here when she **arrives**.

755- dirti - *to tell you*

Ho mille cose da **dirti**.
I have a thousand things **to tell you**.

756- dev'essere - *must be*

(lei) **Dev'essere** sua sorella, sono identiche.
She **must be** her sister, they are identical.

757- chiamata - *called*

Il Preside mi ha **chiamata** per lamentarsi del tuo comportamento.
The Headmaster has **called** me to complain about your behaviour.

758- finire - *to end*

I cereali stanno per **finire**.
Cereals are about **to end**.

759- mattina - *morning*

Ho passato tutta la **mattina** a pulire i vetri.
I spent the whole **morning** cleaning the windows.

760- direi - *would tell you*

Se lo sapessi, (io) te lo **direi**.
If I knew it, I **would tell you**.

761- torno - *am back*

(io) **Torno** tra cinque minuti.
I **am back** in five minutes.

762- vanno - *go*

Dove (loro) **vanno** in vacanza?
Where do they **go** on vacation?

763- potere - *power*

Ha molto **potere** sui suoi sottoposti.
He has a lot of **power** over his subordinates.

764- aspetti - *expect*

Arriverà quando meno (tu) te lo **aspetti**.
He will come when you least **expect** it.

765- segreto - *secret*

Ti prego di tenere il **segreto**.
Please keep the **secret**.

766- sarò - *will be*

(io) **Sarò** felice di incontrarti.
I **will be** happy to meet you.

767- com'é - *how come*

Com'è che non sei mai contenta?
How come you're never happy?

768- venga - *comes*

Spero che **venga** presto l'inverno.
I hope winter **comes** soon.

769- intenzione - *intention*

Non ho nessuna **intenzione** di dargliela vinta.
I have no **intention** of giving in to him.

770- auto - *car*

Mio padre mi presta la sua **auto** per andare in vacanza.
My father lends me his **car** to go on vacation.

771- pronta - *ready*

Perché non sei mai **pronta** per andare a scuola?
Why are you never **ready** to go to school?

772- fondo - *bottom*

Leggi fino in **fondo**.
Read it straight to the **bottom**.

773- lasci - *leave*

Voglio solo che (tu) mi **lasci** in pace.
I just want you to **leave** me alone.

774- lista - *list*

La **lista** dei tuoi difetti si fa sempre più lunga.
The **list** of your flaws is getting longer and longer.

775- oddio - *Oh my God*

Oddio, cosa hai fatto ai capelli?
Oh my God, what did you do to your hair?

776- alto - *tall*

È diventato **alto** come suo padre.
He became as **tall** as his father.

777- completamente - *completely*

Scusami. Mi sono **completamente** dimenticata.
Sorry. I **completely** forgot.

778- sparato - *fired*

Chi ha **sparato** a quel piccolo uccellino?
Who has **fired** at that little bird?

779- brutto - *bad*

È stato **brutto** vederla piangere.
It was **bad** to see her cry.

780- cervello - *brain*

Ogni tanto dubito che gli funzioni il **cervello**.
Sometimes I doubt that his **brain** works.

781- milioni - *millions*

Dovrò restituire tutti i **milioni** di euro che ha rubato.
I'll have to repay all the **millions** of euros he stole.

782- rapporto - *relationship*

Il nostro **rapporto** è cambiato da quando è diventato il capo.
Our **relationship** has changed since he became the boss.

783- addosso - *on*

Il mio cane salta sempre **addosso** alle persone.
My dog always jumps **on** people.

784- sogno - *dream*

Ho un **sogno** nel cassetto da diversi anni.
I have had a secret **dream** for several years.

785- finalmente - *finally*

Finalmente siamo a casa!
Finally, we are at home!

786- brava - *good*

Non so se è una **brava** studentessa, ma ha vinto una borsa di studio.
I do not know if she's a **good** student, but she won a scholarship.

787- fermo - *still*

Stai **fermo** e fai un bel respiro.
Stand **still** and take a deep breath.

788- controllare - *to check*

I miei vicini passano sempre a **controllare** come sto.
My neighbours always pop in **to check** how I am.

789- prossimo - *next*

Chi è il **prossimo**?
Who is **next**?

790- centro - *centre*

Mira al **centro** del bersaglio.
Aim at the **centre** of the target.

791- informazione - *information*

Hai qualche **informazione** sul volo?
Do you have any **information** on the flight?

792- vecchia - *old*

La mia bici è troppo **vecchia**, la butterò via.
My bike is too **old**, I'll throw it away.

793- oppure - *or*

Vuoi pasta **oppure** risotto?
Do you want pasta **or** risotto?

794- programma - *schedule*

Qual è il tuo **programma** per domani?
What's your **schedule** for tomorrow?

795- mese - *month*

In quale **mese** sei nato?
Which **month** were you born in?

796- pezzo - *piece*

Posso avere un **pezzo** della tua bistecca?
Can I have a **piece** of your steak?

797- piacciono - *like*

Ti **piacciono** i mandarini?
Do you **like** mandarins?

798- compagnia - *company*

Amo la **compagnia** dei miei gatti.
I love my cats' **company**.

799- consiglio - *advice*

Vorrei un **consiglio** su cosa regalare a mio padre per il suo compleanno.
I would like some **advice** on what to give to my father for his birthday.

800- grandi - *big*

Hai ottenuto **grandi** risultati in questi mesi.
You have made **big** achievements in these months.

801- carino - *nice*

Il tuo amico è davvero **carino**.
Your friend is really **nice**.

802- stronzo - *asshole*

Tuo fratello è proprio uno **stronzo**!
Your brother is just an **asshole**!

803- alcune - *some*

Alcune persone sono monolingue, altre parlano più di una lingua.
Some people are monolingual, others speak more than one language.

804- personale - *staff*

Chiedi al **personale** della sicurezza dove si trova l'uscita.
Ask the security **staff** where the exit is.

805- guardate - *look at*

Perché ci **guardate** in quel modo?
Why do you **look at** us like that?

806- attento - *attentive*

Se stai **attento** in classe, sarà più facile studiare a casa.
If you're **attentive** in class, it will be easier to study at home.

807- sole - *sun*

Dopo tre giorni di **sole**, ecco la pioggia.
After three days of **sun**, here is the rain.

808- porto - *port*

Il **porto** di Genova è uno dei più importanti d'Italia.
The **port** of Genoa is one of the most important in Italy.

809- faceva - *was doing*

Lo ha chiamato per sapere cosa (lei) **faceva**.
He called him to know what she **was doing**.

810- risposta - *answer*

Non c'è **risposta** alla tua domanda.
There is no **answer** to your question.

811- zitto - *silent*

Preferisco stare **zitto** piuttosto che dire cose inutili.
I prefer to stay **silent** rather than say unnecessary things.

812- nello - *in the*

Cosa c'è **nello** sgabuzzino?
What's **in the** closet?

813- tenere - *to keep*

È così egoista che vuole **tenere** tutto il denaro per sé.
He is so selfish that he wants **to keep** all the money for himself.

814- saputo - *known*

Come hai **saputo** del matrimonio di Paolo?
How have you **known** about Paul's wedding?

815- servizio - *duty*

Quando sono in **servizio** non bevo neanche l'acqua.
When I'm on **duty** I don't even drink water.

816- scena - *scene*

Gli attori sono rientrati in **scena** per ricevere gli applausi.
The actors returned to the **scene** to receive applause.

817- glielo - *it to him/her*

Glielo dico io domani.
I will tell **him/her** about **it** tomorrow.

818- libero - *free*

Cosa fai nel tempo **libero**?
What do you do in your **free** time?

819- guai - *troubles*

Non metterti nei **guai**, per favore.
Do not get in **troubles**, please.

820- coraggio - *courage*

Ci vuole **coraggio** nel lasciare il tuo paese per un altro.
It takes **courage** to leave your country for another one.

821- sapeva - *knew*

Lui **sapeva** che io non sarei andata.
He **knew** I wouldn't have gone.

822- quali - *which*

Non so **quali** stivali scegliere.
I don't know **which** boots to choose.

823- vederti - *to see you*

Mi fa sempre piacere **vederti**.
I always love **to see you**.

824- amica - *friend*

La mia **amica** è stata licenziata ieri.
My **friend** was fired yesterday.

825- scusami - *I am sorry*

Scusami, non volevo disturbarti.
I am sorry, I did not want to bother you.

826- base - *base*

Disegna la **base** del triangolo.
Draw the **base** of the triangle.

827- legge - *law*

Studia **legge** all'Università di Milano.
He studies **law** at the University of Milan.

828- normale - *normal*

È una persona **normale,** senza troppe pretese.
He is a **normal** person, without too many demands.

829- prende - *takes*

(lui) **Prende** il bus ogni giorno per andare a scuola.
He **takes** the bus every day to go to school.

830- chiave - *key*

Non trovo la **chiave** della cantina.
I can't find the **key** of the cellar.

831- arrivando - *coming*

Dieci minuti fa mi ha detto che stanno **arrivando**.
Ten minutes ago he told me they were **coming**.

832- sanno - *know*

(loro) **Sanno** dove abitiamo?
Do they **know** where we live?

833- doveva - *had to*

È uscito prima dal lavoro perché (lui) **doveva** andare dal dottore.
He got out of work earlier because he **had to** go to the doctor.

834- cambiato - *changed*

Cosa è **cambiato** tra di noi?
What has **changed** between us?

835- giusta - *right*

Non ha avuto la **giusta** ricompensa per tutti i suoi sforzi.
He didn't have the **right** reward for all his efforts.

836- riesci - *can*

Se (tu) **riesci** a darmi un passaggio, mi faresti un piacere.
If you **can** give me a ride, you'd do me a favour.

837- chiederti - *to ask you*

Sono costretto a **chiederti** di spostare la macchina dall'ingresso.
I'm forced **to ask you** to move the car from the entrance.

838- ovviamente - *obviously*

Ovviamente nessuno ha visto ciò che stava succedendo.
Obviously, no one saw what was happening.

839- computer - *computer*

Ho acquistato un nuovo **computer** ad un prezzo conveniente.
I bought a new **computer** at an affordable price.

840- vittima - *victim*

Mio padre è stato **vittima** di un atto vandalico.
My father was the **victim** of vandalism.

841- grosso - *big*

Quel filo è troppo **grosso** per passare da quell'ago.
That thread is too **big** to pass from that needle.

842- servono - *need*

Mia mamma mi chiede sempre se mi **servono** soldi.
My mom always asks me if I **need** money.

843- lasciami - *let me*

(tu) **Lasciami** pensare a come risolvere il problema.
Let me think how to solve the problem.

844- veloce - *fast*

Quella macchina è troppo **veloce** per la città.
That car is too **fast** for the city.

845- poteva - *could*

Alla fine mi ha detto che (lui) non **poteva** venire.
Finally, he told me he **could** not come.

846- un'occhiata - *quick look*

Ho dato **un'occhiata** all'agenda e mi sono ricordato del nostro appuntamento.
I gave a **quick look** at the diary and I remembered our appointment.

847- do - *give*

Se vuoi (io) ti **do** una mano con quelle borse della spesa.
If you want I **give** you a hand with those shopping bags.

848- sala - *room*

Si accomodi in **sala** d'aspetto e la chiameremo tra un momento.
Please, sit down in the waiting **room** and we'll call you in a moment.

849- dolore - *pain*

Ho un **dolore** alla spalla ormai da tre giorni.
I've had **pain** in my shoulder for three days by now.

850- dottoressa - *dr.*

Vorrei parlare con la **dottoressa** Bianchi.
I'd like to talk to **Dr.** Bianchi.

851- posizione - *position*

La tua **posizione** non è difendibile.
Your **position** is not defensible.

852- giuro - *swear*

(io) **Giuro** che non sono stato io a rompere il vetro.
I **swear** it was not me who broke the glass.

853- spesso - *often*

Spesso litighiamo ma ci vogliamo bene.
We **often** fight but we love each other.

854- denaro - *money*

Per lei il **denaro** è più importante dell'amicizia.
To her, **money** is more important than friendship.

855- idiota - *idiot*

Si comporta da **idiota**, ma è molto intelligente.
He acts like an **idiot**, but he is very intelligent.

856- ehm - *hum*

Ciao, **ehm**, Claudia, giusto?
Hi, **hum**, Claudia, isn't it?

857- rispetto - *respect*

Non ha alcun **rispetto** per gli altri.
He has no **respect** for the others.

858- in - *in*

Lascia le borse della spesa **in** cucina.
Leave the shopping bags **in** the kitchen.

859- incredibile - *incredible*

La sua determinazione è **incredibile**.
His determination is **incredible**.

860- sappia - *knows*

Penso che (lui) **sappia** cosa sta facendo.
I think he **knows** what he's doing.

861- saresti - *would be*

(tu) **Saresti** così gentile da passarmi del pane?
Would you **be** so kind to pass me some bread?

862- ritardo - *delay*

Il Preside non ammette alcun **ritardo** a scuola.
The Headmaster does not allow any **delay** at school.

863- ormai - *by now*

Ormai mi sono rassegnata all'idea.
By now I resigned myself to the idea.

864- andrà - *will go*

Non sa ancora se (lui) **andrà** al college.
He does not know yet if he **will go** to college.

865- fallo - *just do it*

Se vuoi, **fallo**!
If you want, **just do it**!

866- sorpresa - *surprise*

Non le ha detto nulla del viaggio per farle una **sorpresa**.
He didn't tell her about the trip to make her a **surprise**.

867- vestiti - *clothes*

Il suo armadio è pieno di **vestiti** che non indossa.
Her closet is full of **clothes** that she doesn't wear.

868- perciò - *so*

Oggi sono molto arrabbiata, **perciò** non parlarmi.
I'm very angry today, **so** don't talk to me.

869- errore - *mistake*

Non ho fatto alcun **errore** nel test.
I didn't make any **mistake** in the test.

870- farci - *to do*

Non posso **farci** niente se non vuole parlarti.
I can **do** nothing if she doesn't want to talk to you.

871- missione - *mission*

È partito per una **missione** in Africa.
He left for a **mission** to Africa.

872- zio - *uncle*

Mio **zio** vive in un attico nel centro di Milano.
My **uncle** lives in an attic in the centre of Milan.

873- aspetto - *look*

Oggi hai un pessimo **aspetto**.
Today you have a bad **look**.

874- parti - *leave*

A che ora (tu) **parti** domani mattina?
What time do you **leave** tomorrow morning?

875- pieno - *full*

Questo testo è **pieno** di errori.
This text is **full** of errors.

876- insomma - *so*

Insomma, la smetti di interrompermi?
So, would you stop interrupting me?

877- rimanere - *to stay*

Preferisco **rimanere** a casa stasera.
I prefer **to stay** home tonight.

878- diverso - *different*

Prova ad affrontare il problema in modo **diverso**.
Try to face the problem in a **different** way.

879- ricorda - *reminds*

Questa immagine ti **ricorda** qualcosa?
Does this picture **remind** you of anything?

880- pagare - *to pay*

Questo mese ho molte tasse da **pagare**.
This month I have lots of taxes **to pay**.

881- scusate - *sorry*

Scusate se arrivo solo adesso, ma sono stato occupato.
Sorry if I arrive only now, but I have been busy.

882- caro - *expensive*

Questo corso di lingua è molto **caro**.
This language course is very **expensive**.

883- partita - *match*

Al termine della **partita** siamo andati a mangiare una pizza insieme.
At the end of the **match,** we went to eat a pizza together.

884- addio - *farewell*

Vogliamo organizzare una festa d'**addio** per Laura.
We want to organise a **farewell** party for Laura

885- peggio - *worse*

È **peggio** scappare che affrontare il problema.
It is **worse** to escape than to face the problem.

886- sette - *seven*

Roma fu costruita su **sette** colli.
Rome was built on **seven** hills.

887- intorno - *around*

Intorno a casa mia non c'è neanche un prato.
Around my house, there is not even a lawn.

888- avvocato - *lawyer*

È l'**avvocato** più famoso in città.
He is the most famous **lawyer** in the city.

889- avrai - *will have*

Sono sicura che (tu) **avrai** altre opportunità.
I'm sure you'**ll have** other opportunities.

890- linea - *line*

Rimanga in **linea**, per favore.
Hold the **line**, please.

891- data - *date*

Questo yogurt ha una **data** di scadenza?
Does this yoghurt have an **expiry** date?

892- dovevo - *had to*

Lo sapevo che (io) **dovevo** venire alla riunione.
I knew I **had to** come to the meeting.

893- usato - *used*

Hai **usato** la mia macchina senza chiedermelo!
You have **used** my car without asking me!

894- presa - *socket*

La **presa** della corrente è proprio dietro di te.
The power **socket** is right behind you.

895- volevi - *wanted*

Da piccolo (tu) **volevi** mangiare solo cioccolato.
As a child, you **wanted** to eat only chocolate.

896- guardi - *look*

Perché ogni mattina (tu) **guardi** laggiù?
Why do you **look** over there every morning?

897- gentile - *kind*

Non è molto **gentile** da parte tua parlare così ai tuoi genitori.
It's not very **kind** of you to talk to your parents like that.

898- dimenticato - *forgotten*

Mi sono **dimenticato** del nostro appuntamento, scusa.
I have **forgotten** about our date, sorry.

899- migliori - *best*

Ha studiato nelle **migliori** scuole del paese.
He studied in the **best** schools in the country.

900- conosce - *knows*

Chi mi **conosce** sa come sono.
Anyone who **knows** me, knows how I am.

901- bastardo - *bastard*

Purtroppo lo so che sei **bastardo** dentro.
Unfortunately, I know that you are **bastard** inside.

902- tenente - *lieutenant*

È stato nominato **tenente** di fanteria.
He was appointed infantry **lieutenant**.

903- vengo - *come*

Ti arrabbi se (io) **vengo** 10 minuti più tardi?
Will you get angry if I **come** 10 minutes later?

904- disse - *said*

"Che occhi grandi che hai" **disse** Cappuccetto Rosso.
"What big eyes you have," **said** Little Red Riding Hood.

905- proposito - *purpose*

Dimagrire è il mio **proposito** per l'anno nuovo.
Losing weight is my **purpose** for the new year.

906- interessante - *interesting*

Questa mostra non è **interessante** come dicono.
This exhibition is not as **interesting** as they say.

907- otto - *eight*

Ha fatto **otto** giri attorno al parco.
He ran **eight** laps around the park.

908- quante - *how many*

Quante ragazze ci sono nella tua classe?
How many girls are there in your class?

909- iniziato - *started*

Ho appena **iniziato** un corso di Pilates.
I have just **started** a Pilates course.

910- potrebbero - *could*

Se volessero, (loro) **potrebbero** licenziarti per il tuo comportamento.
If they wanted to, they **could** fire you for your behaviour.

911- saremo - *will be*

(noi) **Saremo** sempre amici, non è vero?
We **will** always **be** friends, won't we?

912- interessa - *cares*

Gli **interessa** solo fare carriera.
He only **cares** about making a career.

913- entra - *gets in*

Il mio gatto **entra** ed esce dalla porta come gli pare.
My cat **gets in** and out the door as it pleases.

914- schifo - *disgusting*

Tutta questa corruzione è uno **schifo**.
All this corruption is **disgusting**.

915- sembrava - *seemed*

Mi **sembrava** giusto dargli un'altra possibilità.
It **seemed** right to me to give him another chance.

916- venite - *come*

Mi ha detto Giovanni che **venite** anche voi a Barcellona.
John told me that you too **come** to Barcelona.

917- peccato - *pity*

È un **peccato** che tu non possa andare al cinema stasera.
It's a **pity** you can't go to the cinema tonight.

918- bar - *bar*

Il **bar** all'angolo è di un famoso calciatore.
The **bar** at the corner is of a famous footballer.

919- fame - *hunger*

La città soffriva per via della **fame**.
The city was suffering from **hunger**.

920- sente - *hears*

Lui parla molto forte perché (lui) non **sente** niente.
He speaks very loud because he **hears** nothing.

921- avevano - *had*

(loro) Gli **avevano** offerto un ottimo lavoro ma ha rifiutato.
They **had** offered him a very good job, but he refused.

922- vattene - *go away*

(tu) **Vattene** via di qua o chiamo la polizia!
Go away from here or I will call the police!

923- appuntamento - *appointment*

A che ora è il tuo **appuntamento** dal dentista?
What time is your **appointment** at the dentist?

924- zona - *area*

Viviamo nella stessa **zona**.
We live in the same **area**.

925- tempi - *times*

Non amo lavorare in **tempi** così stretti.
I do not like working in such tight **times**.

926- carta - *paper*

Usiamo fogli di **carta** riciclata in ufficio.
We use recycled **paper** sheets in the office.

927- terribile - *terrible*

È un bambino **terribile** che fa sempre i capricci.
He is a **terrible** child who always makes a tantrum.

928- poliziotto - *policeman*

Il **poliziotto** ha cercato di fermare il ladro, ma non ci è riuscito.
The **policeman** tried to stop the thief, but he didn't succeed.

929- questione - *matter*

È una **questione** di principio.
It is a **matter** of principle.

930- chiuso - *closed*

Sono arrivato quando il negozio era già **chiuso**.
I arrived when the store was already **closed**.

931- detective - *detective*

Ha ingaggiato un **detective** per spiare suo marito.
He hired a **detective** to spy on her husband.

932- onore - *honour*

Voglio solo dare **onore** alla memoria di mio padre.
I just want to give **honour** to my father's memory.

933- TV - *TV*

Spegni la **TV** e vai a dormire.
Turn off the **TV** and go to sleep.

934- aspettando - *waiting*

Benvenuto, ti stavamo **aspettando**!
Welcome, we've been **waiting** for you!

935- ora - *now*

Ora più che mai sono convinta della sua innocenza.
Now, more than ever, I am convinced of his innocence.

936- medico - *doctor*

Il mio **medico** riceve i pazienti ogni pomeriggio.
My **doctor** receives the patients every afternoon.

937- ricerca - *research*

Sto lavorando a un progetto di **ricerca** in ospedale.
I'm working on a hospital **research** project.

938- secondi - *seconds*

Se mi dai due **secondi** ti do la risposta.
If you give me two **seconds** I'll give you the answer.

939- rubato - *stolen*

Chi ha **rubato** la marmellata?
Who has **stolen** the jam?

940- vestito - *dress*

Non riesco a trovare il **vestito** giusto per il matrimonio.
I cannot find the right **dress** for the wedding.

941- notizie - *news*

Mandami tue **notizie** appena arrivi.
Send me your **news** as soon as you arrive.

942- tante - *a lot of*

Dice **tante** parole ma non agisce mai.
He says **a lot of** words but never acts.

943- un'ora - *an hour*

Vengo tra **un'ora**.
I'm coming in **an hour**.

944- caccia - *hunting*

Il mio gatto va a **caccia** di topi ogni notte.
My cat goes mice **hunting** every night.

945- fronte - *forehead*

Ha una cicatrice sulla **fronte**.
He has a scar on his **forehead**.

946- manca - *is missing*

Manca il sale in questa pasta.
Salt **is missing** in this pasta.

947- bisogna - *it's necessary*

Bisogna mangiare sano per vivere più a lungo.
It's necessary to eat healthy to live longer.

948- sembri - *look*

(tu) **Sembri** così triste oggi.
You **look** so sad today.

949- stavi - *were*

Potevi dirmelo che (tu) **stavi** morendo di freddo.
You could have told me that you **were** freezing to death.

950- tanti - *many*

Dopo **tanti** anni ci siamo ritrovati.
After **many** years we met again.

951- test - *test*

Se non studi non passerai il **test**.
If you don't study you won't pass the **test**.

952- contatto - *touch*

Restiamo in **contatto**.
Let's keep in **touch**.

953- impossibile - *impossible*

È **impossibile** risolvere questo problema.
It is **impossible** to solve this problem.

954- avevamo - *had*

Ci hanno dato la colpa anche se (noi) non **avevamo** fatto niente.
They blamed us even though we **had** done nothing.

955- incidente - *accident*

Sono morte tre persone nell'**incidente** di ieri.
Three people died in yesterday's **accident**.

956- spalle - *shoulders*

Lui aveva uno zaino enorme sulle **spalle**.
He had a huge rucksack on his **shoulders.**

957- nero - *black*

Il **nero** è il mio colore preferito.
Black is my favourite colour.

958- mille - *thousand*

L'ho immaginato **mille** volte.
I have imagined it a **thousand** times.

959- pezzi - *pieces*

Il vaso è caduto in mille **pezzi**.
The vase has fallen into **pieces**.

960- seconda - *second*

Vorrei darti una **seconda** opportunità.
I would like to give you a **second** chance.

961- diritto - *straight*

Guarda **diritto** e non voltarti.
Look **straight** and don't look back.

962- scherzando - *joking*

Pensavo stesse **scherzando** e invece era molto serio.
I thought he was **joking** and instead he was very serious.

963- ex - *former*

È un **ex**-avvocato che ha deciso di cambiare carriera.
He is a **former** lawyer who has decided to change his career.

964- omicidio - *murder*

Lo hanno accusato dell'**omicidio** della madre.
They accused him of his mother's **murder**.

965- riuscito - *was able to*

(lui) Non è **riuscito** a saltare l'ostacolo.
He **was** not **able to** jump the obstacle.

966- altra - *another*

Ripetilo un'**altra** volta, per favore.
Repeat it **another** time, please.

967- conosciuto - *met*

Non ho mai **conosciuto** una persona più sbadata di te.
I've never **met** a more careless person than you.

968- soli - *alone*

Stasera siamo **soli** in casa perché i miei genitori escono.
We're **alone** in the house tonight because my parents are going out.

969- trovo - *find*

(io) Non **trovo** nessuna somiglianza tra madre e figlia.
I don't **find** any resemblance between mother and daughter.

970- luogo - *place*

Qual è il **luogo** di consegna?
What is the **place** of delivery?

971- rimasto - *stood*

(io) Sono **rimasto** fermo aspettando i soccorsi.
I **stood** still waiting for help.

972- scoprire - *to find out*

Cerca di **scoprire** come si chiama.
Try **to find out** what's his name.

973- qualcun - *someone*

Perché non lo chiedi a **qualcun** altro?
Why don't you ask **someone** else?

974- senta - *hears*

Penso che (lui) **senta** male.
I think he **hears** badly.

975- spazio - *space*

Lasciami un po' di **spazio**.
Leave me some **space**.

976- compleanno - *birthday*

Dove hai intenzione di festeggiare il tuo **compleanno**?
Where are you going to celebrate your **birthday**?

977- vale - *is worth*

Quanto **vale** il dollaro?
How much **is** the dollar **worth**?

978- esiste - *exists*

La perfezione **esiste**, non credi?
Perfection **exists**, don't you think?

979- vengono - *come*

Da dove **vengono** i tuoi genitori?
Where do your parents **come** from?

980- aspettate - *wait*

Se (voi) **aspettate** un attimo vi diciamo la verità.
If you **wait** a moment, we tell you the truth.

981- dolce - *cake*

Sto preparando un **dolce** per questa sera.
I'm making a **cake** for this evening.

982- intendo - *intend*

(io) Non **intendo** stare ad ascoltare le tue lamentele.
I don't **intend** to listen to your complaints.

983- simile - *like*

Non ho mai visto nulla di **simile**.
I've never seen anything **like** it.

984- umano - *human*

Nessun essere **umano** può fare quello che fa lui.
No **human** being can do what he does.

985- potevo - *could*

Come (io) **potevo** sapere che era il tuo fidanzato?
How **could** I know he was your boyfriend?

986- continuare - *continue*

Non ha potuto **continuare** a lavorare per il mal di schiena.
He could not **continue** working due to back pain.

987- corso - *course*

Frequento un **corso** di yoga.
I attend a yoga **course**.

988- pranzo - *lunch*

Andiamo a **pranzo**?
Shall we go out for **lunch**?

989- fossero - *were*

Se (loro) **fossero** più disponibili li chiameremmo volentieri.
If they **were** more open, we would call them willingly.

990- negozio - *shop*

Vorrei aprire un **negozio** di scarpe.
I would like to open a shoe **shop**.

991- birra - *beer*

Una **birra** doppio malto, per favore.
A double malt **beer**, please.

992- comandante - *captain*

Il **comandante** della nave ci ha avvisato del mare mosso.
The **captain** of the ship warned us of the rough sea.

993- acqua - *water*

Non amo mettere la testa sott'**acqua**.
I don't like to put my head under **water**.

994- scappare - *to run away*

È dovuto **scappare** perché era in ritardo.
He had **to run away** because he was late.

995- calma - *calm*

Mantieni la **calma** e raccontami cosa è successo.
Keep **calm** and tell me what happened.

996- duro - *hard*

Dopo giorni di **duro** lavoro, finalmente un po' di risposo.
After days of **hard** work, finally some rest.

997- riguarda - *concerns*

La storia **riguarda** una famiglia indiana.
The story **concerns** an Indian family.

998- forma - *shape*

Devo essere in **forma** per l'estate.
I have to get into a good **shape** for the summer.

999- pianeta - *planet*

Su quale **pianeta** vivi?
Which **planet** do you live on?

1000- salvare - *to save*

Dedica la sua vita a **salvare** le balene.
He devotes his life **to save** whales.

1001- pericolo - *danger*

I cani hanno abbaiato avvisandoci del **pericolo**.
The dogs barked warning us of the **danger**.

1002- relazione - *relationship*

Che **relazione** c'è tra di loro?
What **relationship** is there between them?

1003- a malapena - *hardly*

Si vedeva **a malapena** la strada.
The road was **hardly** visible.

1004- sinistra - *left*

Gira a **sinistra** al semaforo.
Turn **left** at the traffic light.

1005- serata - *night out*

Mi hai rovinato la **serata** con gli amici.
You ruined my **night out** with friends.

1006- andati - *gone*

Dove siete **andati** dopo scuola?
Where have you **gone** after school?

1007- porti - *carry*

Lascia che ti **porti** le valigie.
Let me **carry** your suitcases.

1008- nonna - *grandmother*

Dove vive tua **nonna**?
Where does your **grandmother** live?

1009- colpito - *hit*

L'intero villaggio fu **colpito** da un uragano.
The whole village was **hit** by a hurricane.

1010- dagli - *by*

Stava annegando ma fu salvato **dagli** amici.
He was drowning but he was saved **by** friends.

1011- stesse - *same*

Sono andata a comprare le tue **stesse** scarpe ma mancava la mia taglia.
I went to buy the **same** shoes like yours, but my size was missing.

1012- volo - *flight*

Durante il **volo** i passeggeri devono spegnere i cellulari.
During the **flight,** passengers must turn off their mobile phones.

1013- paziente - *patient*

Cerca di essere più **paziente** con i tuoi figli.
Try to be more **patient** with your children.

1014- codice - *code*

CI vuole un **codice** di accesso per entrare nel sistema.
We need an access **code** to enter the system.

1015- vive - *lives*

La mia migliore amica **vive** in fondo alla via.
My best friend **lives** at the end of the street.

1016- attraverso - *through*

Hanno scoperto la sua malattia **attraverso** esami specifici.
They discovered his illness **through** specific tests.

1017- adoro - *love*

(io) **Adoro** il mio lavoro e la mia famiglia.
I **love** my job and my family.

1018- lavorando - *working*

Per quale azienda stai **lavorando**?
Which company are you **working** for?

1019- stanotte - *tonight*

Il mio piano per **stanotte** è guardare la tv e non andare a letto.
My plan for **tonight** is to watch tv and don't go to bed.

1020- farebbe - *would do*

(lui) **Farebbe** bene stare zitto ogni tanto.
He **would do** well to shut up sometimes.

1021- buonanotte - *goodnight*

Me ne vado ora, **buonanotte**!
I'll be leaving now, **goodnight**!

1022- governo - *government*

Questo **governo** condurrà il paese alla rovina.
This **government** will lead the country to ruin.

1023- altrimenti - *otherwise*

Come potrei fare **altrimenti**?
How could I do **otherwise**?

1024- esserci - *to be there*

Comunque, è stato bello **esserci**.
Anyway, it was nice **to be there**.

1025- guardia - *guard*

Il mio cane sta in **guardia** tutta la notte.
My dog is on **guard** all night.

1026- vinto - *won*

Chi ha **vinto** il campionato quest'anno?
Who has **won** the championship this year?

1027- club - *club*

A quale **club** ti sei iscritto quest'anno?
Which **club** did you join this year?

1028- sicuramente - *surely*

Sicuramente mi iscriverò al club di chitarra.
Surely I will enrol in the guitar club.

1029- scommetto - *bet*

(io) **Scommetto** che non verrai al cinema stasera.
I **bet** you won't come to the cinema tonight.

1030- fermi - *still*

Stiamo rimasti **fermi** nel traffico per ore.
We have stood **still** in traffic for hours.

1031-freddo - *cold*

La temperatura è cambiata; fuori fa **freddo**.
The temperature has changed; it's **cold** outside.

1032- regalo - *present*

A Natale non avrai alcun **regalo** sotto l'albero se ti comporti così male.
At Christmas, you won't have any **present** under the tree if you behave so badly.

1033- dura - *hard*

È stata **dura** battere il mio avversario, ma alla fine ce l'ho fatta.
It was **hard** to beat my opponent, but in the end, I did it.

1034- scorsa - *last*

Ci siamo conosciuti la **scorsa** estate.
We met **last** summer.

1035- necessario - *required*

È **necessario** il passaporto per andare in Italia?
Is a passport **required** to go to Italy?

1036- santo - *saint*

Oggi è la festa del **santo** patrono della mia città.
Today is the feast of the patron **saint** of my city.

1037- droga - *drugs*

Lo hanno fermato alla dogana con una borsa piena di **droga**.
They stopped him at the customs with a bag full of **drugs**.

1038- studio - *study*

Dopo anni di **studio** intenso, finalmente abbiamo concluso la ricerca.
After years of intensive **study**, we finally concluded the research.

1039- scelto - *chosen*

Quale vestito hai **scelto** per la festa?
Which dress have you **chosen** for the party?

1040- regole - *rules*

Mettiamo subito in chiaro le **regole**.
Let's make the **rules** clear straight away.

1041- ascoltarmi - *to listen to me*

Chi vuole **ascoltarmi** ne trarrà dei benefici.
Who wants **to listen to me** will benefit from it.

1042- radio - *radio*

Lavora per una **radio** locale da quasi tre anni.
He has worked for a local **radio** for almost three years.

1043- diceva - *told*

Quando era piccolo (lui) **diceva** tantissime bugie.
When he was a child he **told** many lies.

1044- notizia - *news*

La **notizia** si è diffusa nel quartiere in pochi minuti.
The **news** spread in the neighbourhood in a few minutes.

1045- averlo - *to have it*

Ho fatto di tutto per **averlo**.
I did everything **to have it**.

1046- braccio - *arm*

Mi sono rotto il **braccio** cadendo dalla bici.
I broke my **arm** falling off the bike.

1047- usa - *uses*

L'ultimo che **usa** il bagno lo deve pulire.
The last one who **uses** the bathroom must clean it.

1048- vostre - *your*

Potete mandare le **vostre** lamentele al responsabile del ricevimento.
You can send **your** complaints to the reception manager.

1049- lettera - *letter*

Devo scrivere una **lettera** di presentazione ma non so come iniziare.
I have to write an application **letter** but I don't know how to start.

1050- silenzio - *silence*

Dobbiamo stare in **silenzio** durante il test.
We must keep **silence** during the test.

1051- né...né - *neither...nor*

Non è **né** carne **né** pesce.
It is **neither** meat **nor** fish.

1052- dovrai - *will have to*

Credo che (tu) **dovrai** alzarti presto se vorrai arrivare in tempo.
I think you **will have to** get up early if you want to arrive on time.

1053- parlo - *talk*

(io) Non **parlo** con i maleducati come te.
I don't **talk** to rude people like you.

1054- ordini - *orders*

Abbiamo ricevuto un grande numero di **ordini** questo mese.
We received a large number of **orders** this month.

1055- destra - *right*

Vai dritto e gira a **destra** alla rotonda.
Go straight and turn **right** at the roundabout.

1056- arrivati - *come*

(noi) Siamo **arrivati** alla conclusione che sarebbe meglio cambiare lavoro.
We have **come** to the conclusion that it would be better to change jobs.

1057- effetti - *effects*

Gli **effetti** della cura inizieranno nei prossimi giorni.
The **effects** of the treatment will start in the next days.

1058- livello - *level*

Per arrivare al **livello** successivo devi passare tutti gli esami.
To get to the next **level** you have to pass all the exams.

1059- piena - *full*

La mia casa è **piena** di insetti e non so come liberarmene.
My house is **full** of insects and I don't know how to get rid of them.

1060- ferma - *firm*

È rimasta **ferma** sulla sua posizione.
She remained **firm** in her position.

1061- pubblico - *public*

Ha annunciato al **pubblico** il titolo del suo nuovo film.
He announced to the **public** the title of his new film.

1062- promesso - *promised*

Mi ha **promesso** un aumento di stipendio, ma non l'ho ancora avuto.
He has **promised** me an increase in salary, but I haven't got it yet.

1063- prometto - *promise*

(io) Ti **prometto** che da domani inizierò una dieta.
I **promise** you that tomorrow I will start a diet.

1064- ordine - *order*

Ho cercato di mantenere l'**ordine** in cucina, ma ci sono troppe cose.
I tried to keep **order** in the kitchen, but there are too many things.

1065- certamente - *certainly*

Premieranno il miglior giocatore dell'anno, che **certamente** non sei tu.
They will award the best player of the year, who **certainly** is not you.

1066- sentite - *hear*

(voi) **Sentite** il rumore del vento?
Do you **hear** the sound of the wind?

1067- san - *saint*

San Silvestro è il 31 dicembre.
Saint Sylvester is on December 31st.

1068- siediti - *sit*

(tu) **Siediti** sul divano insieme a me.
Sit on the sofa with me.

1069- cliente - *customer*

Il **cliente** vuole sempre avere uno sconto.
The **customer** always wants to have a discount.

1070- salvato - *saved*

La fede mi ha **salvato** dalla malavita.
Faith has **saved** me from the underworld.

1071- apri - *open*

Se (tu) **apri** quella bottiglia di vino, poi mettile il tappo.
If you **open** that bottle of wine, then put a cork on it.

1072- ultimi - *last*

Gli **ultimi** minuti del film sono stati entusiasmanti.
The **last** minutes of the film were exciting.

1073- palle - *balls*

A un certo punto della partita, c'erano due **palle** in campo.
At some point of the match, there were two **balls** on the field.

1074- avremo - *will have*

Pensi che (noi) **avremo** un inverno rigido?
Do you think we **will have** a harsh winter?

1075- nord - *north*

Nel **nord** Italia fa più freddo che al sud.
In the **north** of Italy, it is colder than in the south.

1076- bomba - *bomb*

Questa notizia è una **bomba**!
This news is a **bomb**!

1077- affatto - *at all*

Non sono **affatto** convinto che ce la farà.
I'm not **at all** convinced that he will succeed.

1078- brutta - *bad*

Mi sono messo in una **brutta** situazione.
I put myself in a **bad** situation.

1079- iniziare - *to start*

Non so da che parte **iniziare** a pulire.
I don't know where **to start** cleaning.

1080- casino - *mess*

C'è **casino** ovunque in questa camera.
There is a **mess** everywhere in this room.

1081- stupida - *stupid*

Che **stupida** cosa da fare!
What a **stupid** thing to do!

1082- entro - *by*

Dovete consegnare i vostri temi **entro** domani.
You must deliver your essays **by** tomorrow.

1083- lavori - *work*

Se (tu) **lavori** bene magari ti assumono.
If you **work** well, maybe they will hire you.

1084- pelle - *skin*

Ci sono molti pregiudizi circa il colore della **pelle**.
There are many biases about the colour of the **skin**.

1085- parliamo - *speak*

(noi) Non **parliamo** la stessa lingua, infatti non ci capiamo.
We don't **speak** the same language, in fact, we don't understand each other.

1086- reale - *real*

Qual è il valore **reale** di questo vaso?
What is the **real** value of this vase?

1087- tranquillo - *calm*

Era **tranquillo** nonostante la sua situazione fosse molto preoccupante.
He was **calm** despite his situation was very disturbing.

1088- aiutarti - *to help you*

Vorrei **aiutarti** ma sono in ritardo per il lavoro.
I would like **to help you** but I am late for work.

1089- sapevi - *knew*

Perché non mi hai detto che (tu) **sapevi** del loro divorzio?
Why didn't you tell me that you **knew** about their divorce?

1090- rende - *makes*

Il tuo sorriso ti **rende** molto attraente.
Your smile **makes** you very attractive.

1091- carina - *pretty*

È una ragazza molto **carina** ma si trucca troppo.
She's a very **pretty** girl but she has too much makeup.

1092- intendi - *intend*

Cosa (tu) **intendi** fare con lei?
What do you **intend** to do with her?

1093- crimine - *crime*

È stato accusato di un **crimine** che non ha commesso.
He was accused of a **crime** he didn't commit.

1094- contento - *happy*

Sono così **contento** di vederti!
I'm so **happy** to see you!

1095- stamattina - *this morning*

Stamattina mi sono alzata molto nervosa.
This morning I got up very nervous.

1096- coi - *with*

Ho fatto colazione **coi** cereali e spremuta.
I had breakfast **with** cereals and juice.

1097- rosso - *red*

Quel vestito **rosso** è molto elegante.
That **red** dress is very elegant.

1098- scarpe - *shoes*

Vorrei un paio di **scarpe** comode.
I would like a pair of comfortable **shoes**.

1099- sceriffo - *sheriff*

Si comporta da **sceriffo** della città senza averne il titolo.
He acts as a **sheriff** of the city without having the title.

1100- sergente - *sergeant*

In pochi anni è diventato **sergente** della marina militare.
In a few years, he became a **sergeant** of the navy.

1101- uscito - *got out*

Sono appena **uscito** dal parrucchiere e sta piovendo.
I have just **got out** of the hairdresser and it's raining.

1102- dunque - *therefore*

Esisto, **dunque** sono.
I exist, **therefore** I am.

1103- lunga - *long*

Il suo cane ha una coda **lunga** e riccia.
His dog has a **long,** curly tail.

1104- diciamo - *let's say*

(noi) **Diciamo** che si potrebbe vivere meglio.
Let's say that we could live better.

1105- decisione - *decision*

Non è capace di prendere una **decisione** definitiva.
He is unable to make a final **decision**.

1106- maggiore - *eldest*

Luca è il **maggiore** dei tre fratelli.
Luca is the **eldest** of the three brothers.

1107- maledizione - *curse*

Questa casa è stata colpita da una **maledizione**.
This house has been hit by a **curse**.

1108- colonnello - *colonel*

Il **colonnello** ha condotto le indagini sull'omicidio.
The **colonel** conducted investigations into the murder.

1109- riesce - *manages*

(lui) **Riesce** sempre a farmi arrabbiare.
He always **manages** to make me angry.

1110- bianco - *white*

Il jeans **bianco** si sporca molto facilmente.
White jeans get dirty very easily.

1111- borsa - *bag*

Dove hai comprato questa **borsa**?
Where did you buy this **bag**?

1112- esempio - *example*

Fammi un **esempio** così posso capire meglio.
Give me an **example** so I can understand better.

1113- lato - *side*

Da un **lato** vorrei andare, dall'altro non me la sento.
On one **side** I would like to go, on the other, I don't feel like it.

1114- classe - *class*

La **classe** non è acqua!
You cannot buy **class**!

1115- stavamo - *were*

(noi) **Stavamo** dormendo, quando un boato ci ha svegliato.
We **were** sleeping, when a roar woke us up.

1116- gamba - *leg*

Ha una **gamba** più lunga dell'altra.
He has got one **leg** longer than the other.

1117- luna - *moon*

Se il cielo è sereno possiamo vedere la **luna**.
If the sky is clear we can see the **moon**.

1118- comprare - *to buy*

Mi dai un consiglio su dove **comprare** un computer?
Can you give me advice on where **to buy** a computer?

1119- farsi - *to do*

Domani decideremo sul da **farsi**.
Tomorrow we will decide on what **to do**.

1120- bellissima - *wonderful*

È stata una **bellissima** esperienza.
It was a **wonderful** experience.

1121- cattivo - *bad*

A causa del **cattivo** tempo, i voli sono stati cancellati.
Due to **bad** weather, flights have been cancelled.

1122- caffè - *coffee*

Tutte le mattine prendo un **caffè** e una brioche.
Every morning I have a **coffee** and a brioche.

1123- comando - *command*

Al mio **comando**, alzatevi tutti in piedi.
At my **command**, all stand-up.

1124- carne - *meat*

Non mangia mai **carne** perché ama troppo gli animali.
He never eats **meat** because he loves animals too much.

1125- passa - *spends*

(lui) **Passa** le sue giornate camminando attraverso i boschi.
He **spends** his days walking through the woods.

1126- barca - *boat*

Trascorro le mie vacanze in **barca** da molti anni.
I have been spending my holidays on the **boat** for many years.

1127- visita - *examination*

Vorrei prenotare una **visita** oculistica.
I would like to book an eye **examination**.

1128- pressione - *pressure*

La mia **pressione** sanguigna è dentro i parametri.
My blood **pressure** is within the parameters.

1129- dannazione - *damn*

Dannazione! Chi ha fatto una buca in giardino?
Damn! Who made a hole in the garden?

1130- chiesa - *church*

Abito vicino alla **chiesa** che c'è in centro città.
I live near the **church** in the city centre.

1131- conoscere - *know*

Molti studenti faticano a **conoscere** la storia.
Many students struggle **to know** history.

1132- ospedale - *hospital*

È stato portato in **ospedale** con l'ambulanza.
He was taken to the **hospital** by ambulance.

1133- cavallo - *horse*

È stato molto faticoso domare quel **cavallo**.
It was very hard to tame that **horse**.

1134- c'erano - *there were*

C'erano delle impronte di scarpe sulle scale.
There were shoe prints on the stairs.

1135- ballo - *ball*

Verrai al **ballo** scolastico di fine anno?
Will you come to the end-of-year school **ball**?

1136- cellulare - *mobile*

Ho lasciato il **cellulare** in macchina.
I left the **mobile** phone in the car.

1137- farla - *to make her*

Sei stato tu a **farla** cadere?
Was it you **to make her** fall?

1138- accidenti - *damn*

Accidenti! Dove sono le mie calze?
Damn! Where are my socks?

1139- uniti - *close*

Questi fratelli sono molto **uniti** l'un l'altro.
Those brothers are very **close** to each other.

1140- passi - *steps*

Dopo 2.000 **passi** il ginocchio ha iniziato a farmi male.
After 2,000 **steps** my knee started to ache.

1141- pericoloso - *dangerous*

È **pericoloso** sporgersi dal finestrino.
It is **dangerous** to lean out of the window.

1142- arrivata - *arrived*

Mia sorella è appena **arrivata**.
My sister has just **arrived**.

1143- viva - *alive*

Nonostante il terremoto quella bambina è stata trovata **viva**.
Despite the earthquake, that child was found **alive**.

1144- avremmo - *would have*

(noi) **Avremmo** accettato l'offerta se fosse stata vantaggiosa.
We **would have** accepted the offer if it had been advantageous.

1145- bordo - *board*

I passeggeri sono pregati di non fumare a **bordo**.
Passengers are asked not to smoke on **board**.

1146- figliolo - *son*

Il mio **figliolo** di quattro anni è capace di leggere e scrivere.
My four-year-old **son** is able to read and write.

1147- leggere - *to read*

Non vuole mai **leggere**, così ha un linguaggio povero.
He never wants **to read**, so he has a poor language.

1148- sud - *south*

Il mare del **sud** Italia è cristallino.
The sea in the **south** of Italy is crystal clear.

1149- fermati - *stop*

(tu) **Fermati** al supermercato sulla via verso casa.
Stop at the supermarket on the way home.

1150- incontrato - *met*

Ho **incontrato** Maria in pizzeria.
I have **met** Maria in a pizzeria.

1151- aiuti - *helps*

Spero che qualcuno ci **aiuti**.
I hope someone **helps** us.

1152- intelligente - *intelligent*

Questo sistema di archiviazione non può definirsi **intelligente**.
This storage system can't be defined as **intelligent**.

1153- triste - *sad*

Perché (tu) sei **triste** oggi?
Why are you **sad** today?

1154- buone - *good*

Dovrebbe imparare le **buone** maniere.
He should learn **good** manners.

1155- umani - *humans*

Gli animali a volte sono migliori degli **umani**.
Animals are sometimes better than **humans**.

1156- tavolo - *table*

Buonasera. Vorrei prenotare un **tavolo** per otto persone.
Good evening. I would like to book a **table** for eight people.

1157- laboratorio - *workshop*

Ha un **laboratorio** in cantina nel quale ripara motociclette.
He has a **workshop** in the cellar where he repairs motorcycles.

1158- differenza - *difference*

Tra di loro c'è una grande **differenza** d'età.
Between them, there is a big **difference** in age.

1159- parlarne - *to talk about it*

Se non hai voglia di **parlarne** non importa.
If you don't want **to talk about it**, it doesn't matter.

1160- mostro - *monster*

Tutti pensano che sia un **mostro** ma è una persona fantastica.
Everyone thinks he's a **monster,** but he's a fantastic person.

1161- eccolo - *there he is*

Eccolo! È lui l'uomo che ha rubato la tua borsa!
There he is! He's the man who stole your bag!

1162- ovunque - *everywhere*

Mia sorella ha viaggiato **ovunque** nel mondo.
My sister has travelled **everywhere** in the world.

1163- vorrebbe - *would like*

Mia mamma **vorrebbe** sapere quando vieni a cena.
My mom **would like** to know when you come for dinner.

1164- dite - *tell*

Se (voi) mi **dite** dove siete vi raggiungo.
If you **tell** me where you are I will reach you.

1165- rotto - *broken*

Il mio motorino è definitivamente **rotto**.
My scooter is definitely **broken**.

1166- caldo - *hot*

Fa troppo **caldo** fuori per andare a correre.
It's too **hot** outside to go running.

1167- canzone - *song*

Le ha dedicato una **canzone** molto dolce.
He dedicated her a very sweet **song**.

1168- incontro - *meeting*

Dobbiamo fissare la data del nostro prossimo **incontro**.
We must set the date for our next **meeting**.

1169- diventato - *become*

Non avrei mai immaginato che saresti **diventato** così.
I never imagined you would have **become** like that.

1170- video - *video*

Il suo ultimo **video** è davvero professionale.
His latest **video** is really professional.

1171- banca - *bank*

Stanotte la **banca** è stata rapinata da alcuni malviventi.
Tonight the **bank** was robbed by some criminals.

1172- cambio - *exchange*

Qual è il tasso di **cambio** odierno?
What is the current **exchange** rate?

1173- farei - *would do*

Come (io) **farei** senza di te?
How **would** I **do** without you?

1174- partire - *to leave*

A che ora devi **partire**?
What time do you have **to leave**?

1175- tornata - *come back*

Sono andata e anche **tornata**.
I have gone and even **come back**.

1176- segno - *sign*

Qual è il tuo **segno** zodiacale?
What's your zodiac **sign**?

1177- libera - *free*

Si sente **libera** di prendere le sue decisioni.
She feels **free** to make her decisions.

1178- guardando - *looking at*

Nessuno ti sta **guardando**, non ti preoccupare.
Nobody is **looking at** you, don't worry.

1179- meta - *destination*

Scegli la **meta** e poi decidiamo come arrivarci.
Choose the **destination** and then decide how to get there.

1180- segnale - *signal*

Al mio **segnale**, cantiamo "Happy Birthday"!
At my **signal**, let's sing "Happy Birthday"!

1181- cucina - *kitchen*

Ho passato due ore in **cucina** oggi.
I spent two hours in the **kitchen** today.

1182- sogni - *dreams*

Ho dei **sogni**, ma sono irrealizzabili.
I have some **dreams**, but they are unrealisable.

1183- ultimo - *last*

È arrivato **ultimo** alle gare di salto in lungo ma non si è demoralizzato.
He arrived **last** in the long jump races, but he was not demoralised.

1184- comprato - *bought*

Ho appena **comprato** una borsa di lusso.
I have just **bought** a luxury bag.

1185- treno - *train*

Devo controllare l'orario del **treno** per Milano.
I have to check the **train** schedule to Milan.

1186- trovata - *found*

È la collanina di mia nonna. Dove l'hai **trovata**?
It's my grandmother's necklace. Where have you **found** it?

1187- metri - *metres*

Si è arreso a pochi **metri** dal traguardo.
He surrendered a few **metres** from the finish line.

1188- salute - *health*

La **salute** è una cosa molto importante.
Health is a very important thing.

1189- pomeriggio - *afternoon*

Ho trascorso il **pomeriggio** all'ospizio a tenere compagnia agli anziani.
I spent the **afternoon** at the hospice to keep company with the elderly.

1190- incinta - *pregnant*

Dicono che sia **incinta**.
They say she is **pregnant**.

1191- infatti - *indeed*

Non è italiano, **infatti** non capisce quello che dico.
He is not Italian, **indeed** he doesn't understand what I say.

1192- naturalmente - *naturally*

Questi biscotti sono **naturalmente** privi di glutine.
These cookies are **naturally** gluten-free.

1193- pochi - *few*

Sono **pochi** quelli che dicono che io abbia ragione.
There are **few** who say that I am right.

1194- dovrebbero - *should*

Secondo me (loro) **dovrebbero** smetterla di sgridarlo.
I think they **should** stop scolding him.

1195- saltare - *to jump*

Non ti azzardare a **saltare** sul letto!
Don't you dare **to jump** on the bed!

1196- lavorato - *worked*

Abbiamo **lavorato** insieme per cinque anni.
We have **worked** together for five years.

1197- chiudi - *close*

(tu) **Chiudi** la porta di casa prima di uscire.
Close the front door before leaving.

1198- spettacolo - *show*

Lo **spettacolo** che hanno realizzato è stato davvero incredibile.
The **show** they made was really incredible.

1199- miglior - *best*

È la **miglior** proposta che abbia mai ricevuto.
It is the **best** proposal I have ever received.

1200- agenti - *officers*

Ha chiamato gli **agenti** di polizia perché aveva paura.
He called the police **officers** because he was scared.

1201- presente - *present*

Vivo nel **presente** e non mi interessa il futuro.
I live in the **present** and I don't care about the future.

1202- stronzate - *bullshit*

Quella rivista è piena di **stronzate**.
That magazine is full of **bullshit**.

1203- vivi - *live*

(tu) **Vivi** la tua vita e lascia in pace gli altri.
Live your life and leave the others alone.

1204- nove - *nine*

Ci sono **nove** gradini prima di arrivare alla reception.
There are **nine** steps before arriving at the reception.

1205- gay - *gay*

Non mi interessa se tu sei **gay**, voglio sapere se vuoi lavorare con me.
I don't care if you're **gay**, I want to know if you want to work with me.

1206- nonno - *grandfather*

Mio **nonno** viveva in campagna tra mucche e maialini.
My **grandfather** lived in the country between cows and piglets.

1207- rispondere - *to answer*

Meglio non **rispondere** al cellulare se non conosci il numero.
It's better not **to answer** the phone if you don't know the number.

1208- mare - *sea*

Ho una casa con una bellissima vista sul **mare**.
I have a house with a beautiful **sea** view.

1209- mentito - *lied*

Non sono contento che tu mi abbia **mentito**.
I'm not glad that you have **lied** to me.

1210- cerco - *try*

Appena (io) **cerco** di parlargli gira la testa.
As soon as I **try** to talk to him, he turns his head.

1211- nuovi - *new*

Sono questi i tuoi **nuovi** colleghi?
Are these your **new** colleagues?

1212- certa - *sure*

Farò del mio meglio ma non sono **certa** del risultato.
I will do my best but I am not **sure** of the result.

1213- benvenuto - *welcomed*

Sei sempre il **benvenuto** in questa casa.
You are always **welcomed** in this house.

1214- parlarti - *to talk to you*

Vorrei **parlarti** del nuovo progetto che sto sviluppando.
I'd like **to talk to you** about the new project I'm developing.

1215- maggior - *most*

La **maggior** parte delle volte hai torto.
Most of the time you're wrong.

1216- suppongo - *suppose*

(io) **Suppongo** che tu sia la nuova cameriera.
I **suppose** you're the new waitress.

1217- pagato - *paid*

Ho lavorato per una settimana ma non mi hanno **pagato**.
I have worked for a week but I wasn't **paid**.

1218- dirò - *will tell*

Non so se (io) te lo **dirò**.
I don't know if I **will tell** you.

1219- don - *father*

Don Paolo è il nuovo prete della nostra comunità.
Father Paolo is the new priest of our community.

1220- sposato - *married*

Si è innamorata di un uomo **sposato** con tre figli.
She fell in love with a **married** man with three children.

1221- combattere - *fight*

Non ho più la forza di **combattere** contro tutto questo gossip.
I no longer have the strength **to fight** against all this gossip.

1222- quegli - *those*

Che cosa facevi in **quegli** anni?
What were you doing in **those** years?

1223- imparato - *learnt*

Che cosa hai **imparato** da questa lezione?
What have you **learnt** from this lesson?

1224- palla - *ball*

Ha mandato la **palla** oltre la recinzione.
He sent the **ball** over the fence.

1225- posti - *places*

Quanti **posti** al mondo hai visto?
How many **places** in the world have you seen?

1226- cominciare - *start*

Non so da dove **cominciare** a scrivere questo tema.
I don't know how **to start** writing this essay.

1227- comune - *common*

L'area **comune** dei cani è spesso maleodorante.
The dogs' **common** area is often foul-smelling.

1228- maestro - *teacher*

Ha sempre sognato di fare il **maestro** perché ama i bambini.
He has always dreamt of being a **teacher** because he loves children.

1230- smettere - *to stop*

I miei figli mi chiedono di **smettere** di fumare ma non ce la faccio.
My children ask me **to stop** smoking but I can't do it.

1231- farle - *to make her*

Vorrei **farle** capire che deve studiare di più.
I would like **to make her** understand that she has to study more.

1232- responsabile - *responsible*

Avevo fiducia in lui ma non si è dimostrato **responsabile**.
I trusted him but he proved not to be **responsible**.

1233- scrivere - *to write*

Devo **scrivere** il progetto che ho in mente.
I have **to write** the project I have in mind.

1234- temo - *am afraid*

(io) **Temo** che non voglia parlarti.
I'**m afraid** he doesn't want to talk to you.

1235- speranza - *hope*

La **speranza** è l'ultima a morire.
Hope is the last to die.

1236- tocca - *touches*

Questa vicenda mi **tocca** molto.
This affair **touches** me a lot.

1237- vederlo - *to see him*

Mi piacerebbe **vederlo** mentre suona con la sua band.
I'd like **to see him** playing with his band.

1238- blu - *blue*

Quel bambino ha due occhi **blu** molto profondi.
That child has two very deep **blue** eyes.

1239- venuti - *come*

Non siete **venuti** al matrimonio di Alberto, perché mai?
You haven't **come** to Alberto's wedding, why?

1240- aperto - *opened*

Quando mi ha raccontato la sua vita mi si è **aperto** il mondo.
When he told me about his life, the world has **opened** up to me.

1241- averti - *to have you*

Sono contento di **averti** qui con me.
I'm glad **to have you** here with me

1242- sembrare - *to look*

Non voglio **sembrare** scontroso, ma non verrò in vacanza con voi.
I don't want **to look** grumpy, but I will not come on holiday with you.

1243- tale e quale - *exactly the same*

È **tale e quale** suo padre.
He is **exactly the same** as his father.

1244- rischio - *risk*

Mi assumo personalmente il **rischio** di questa azione.
I personally take the **risk** of this action.

1245- arrivederci - *goodbye*

Arrivederci bambini! Ci rivediamo a settembre.
Goodbye children! See you in September.

1246- sparare - *to shoot*

Uno squilibrato ha iniziato a **sparare** in mezzo alla strada.
A deranged man started **to shoot** in the middle of the street.

1247- vino - *wine*

Vuoi del **vino** bianco o del vino rosso?
Do you want some white **wine** or red wine?

1248- ama - *loves*

Mio padre **ama** mia madre immensamente.
My father **loves** my mother immensely.

1249- gambe - *legs*

Non incrociare le **gambe** durante il colloquio.
Don't cross your **legs** during the interview.

1250- danno - *damage*

Questo provvedimento è un **danno** per l'economia del paese.
This provision is a **damage** to the economy of the country.

1251- precedenti - *records*

L'omicida non aveva **precedenti** penali.
The murderer had no criminal **records**.

1252- vittime - *victims*

Quante sono le **vittime** dell'incidente?
How many are the **victims** of the accident?

1253- lezione - *lesson*

Ha proprio bisogno di una bella **lezione**.
He really needs a good **lesson**.

1254- calmati - *calm down*

(tu) **Calmati** e affronta il capo con determinazione.
Calm down and face the boss with determination.

1255- sarebbero - *would be*

Sarebbero più felici se non lavorassero.
They **would be** happier if they didn't work.

1256- torni - *come back*

Fammi sapere a che ora (tu) **torni**, grazie.
Let me know what time you **come back**, thank you.

1257- vecchi - *old*

Non voglio più indossare quei **vecchi** jeans.
I don't want to wear those **old** jeans anymore.

1258- chiedendo - *wondering*

Mi stavo **chiedendo** chi fosse quel ragazzo laggiù.
I was **wondering** who was that guy over there

1259- finta - *pretence*

Sembravano fidanzati, ma era una **finta**.
They looked engaged, but it was a **pretence**.

1260- mica - *at all*

Non sono **mica** scemo!
I am not stupid **at all**!

1261- belle - *wonderful*

Ne vedremo delle **belle**.
We will see **wonderful** things.

1262- farcela - *to succeed*

Sono felice, non avrei mai pensato di **farcela**.
I'm happy, I have never thought **to succeed**.

1263- aiutarmi - *help me*

Qualcuno è in grado di **aiutarmi** con la versione di Latino?
Is someone able to **help me** with the Latin version?

1264- imparare - *learn*

È fondamentale **imparare** dalle esperienze.
It is essential **to learn** from experiences.

1265- finestra - *window*

Apri la **finestra** in modo da aerare la stanza.
Open the **window** to ventilate the room.

1266- avrebbero - *would have*

Non pensavo che (loro) **avrebbero** accettato l'offerta.
I didn't think they **would have** accepted the offer.

1267- congratulazioni - *congratulations*

Congratulazioni ai neo genitori!
Congratulations to the new parents!

1268- entrato - *entered*

Il ladro è **entrato** dalla finestra del piano di sopra.
The thief has **entered** from the window upstairs.

1269- capisce - *understands*

Mi piacerebbe sapere se (lui) **capisce** l'italiano.
I'd like to know if he **understands** Italian.

1270- destino - *destiny*

Forse il mio **destino** mi porterà altrove.
Perhaps my **destiny** will take me elsewhere.

1271- uccisa - *killed*

Gli investigatori stanno raccogliendo prove per capire chi l'ha **uccisa**.
Investigators are collecting evidence to figure out who has **killed** her.

1272- documenti - *documents*

Documenti, prego.
Your **documents**, please.

1273- ponte - *bridge*

Quel **ponte** fu costruito in due mesi.
That **bridge** was built in two months.

1274- aprire - *to open*

Andresti ad **aprire** la porta?
Would you go **to open** the door?

1275- processo - *trial*

Durante il **processo**, l'accusato è svenuto.
During the **trial**, the accused has fainted.

1276- seguito - *followers*

Quel cantante non ha molto **seguito** anche se è bravo.
That singer doesn't have many **followers** even if he is good.

1277- direttore - *director*

Il **direttore** della banca ha detto che mi concederà il prestito.
The bank **director** said he will grant me the loan.

1278- verrà - *will come*

Sei sicura che (lei) **verrà**?
Are you sure she **will come**?

1279- andremo - *will go*

(noi) **Andremo** in Giappone appena avremo i soldi.
We **will go** to Japan as soon as we have the money.

1280- dovremo - *will have*

Se la banca non approvasse il mutuo, (noi) **dovremo** chiedere i soldi ai nostri genitori.
If the bank doesn't approve the mortgage, we **will have** to ask our parents for money.

1281- potesse - *could*

Se (lui) **potesse** parlare chissà cosa direbbe.
If he **could** talk, who knows what he would say.

1282- correre - *to run*

Tutte le mattine devo **correre** per non perdere il treno.
Every morning I have **to run** to avoid missing the train.

1283- ritorno - *return*

Il viaggio di **ritorno** in nave è stato tremendo a causa del maltempo.
The **return** trip by ship was tremendous due to bad weather.

1284- segreti - *secrets*

Non ci sono **segreti** tra di noi.
There are no **secrets** between us.

1285- dati - *data*

I **dati** mostrano un incremento nel fatturato.
The **data** show an increase in turnover.

1286- rumore - *noise*

C'è troppo **rumore** in questa classe.
There is too much **noise** in this class.

1287- molta - *a lot of*

È un bambino con **molta** fantasia.
He is a child with **a lot of** imagination.

1288- regina - *queen*

La tratta come una **regina** e lei si lamenta.
He treats her like a **queen** and she is complaining.

1289- darmi - *to give me*

Non voleva **darmi** i suoi dati personali per la privacy.
He didn't want **to give me** his personal data due to the privacy.

1290- lasciate - *leave*

Perché (voi) non vi **lasciate** se non andate d'accordo?
Why don't you **leave** each other if you don't get along?

1291- potessi - *could*

Se (io) **potessi** le darei la giusta punizione.
If I **could** I would give you the right punishment.

1292- guida - *guidebook*

Ho comprato una **guida** per girare la città.
I bought a **guidebook** to get around the city.

1293- avrà - *will have*

Probabilmente (lui) **avrà** delle buone ragioni, ma il suo comportamento lo penalizza.
He **will** probably **have** good reasons, but his behaviour penalises him.

1294- immediatamente - *immediately*

Chiedi **immediatamente** scusa a tua sorella!
Apologise to your sister **immediately**!

1295- fratelli - *brothers*

I **fratelli** litigano e poi fanno pace.
Brothers argue and then make peace.

1296- giudice - *judge*

Il **giudice** ha riconosciuto la sua innocenza.
The **judge** recognised his innocence.

1297- passaggio - *transition*

Questo film racconta del **passaggio** tra l'infanzia e l'adolescenza.
This film tells about the **transition** between childhood and adolescence.

1298- fortunato - *lucky*

Chi è il **fortunato** che ti sposerà?
Who is the **lucky** man who will marry you?

1299- vite - *lives*

Le loro **vite** sono in pericolo, per questo hanno la scorta.
Their **lives** are in danger, so they have a police escort.

1300- difesa - *defence*

L'avvocato ha preparato una arringa per la **difesa** del suo cliente.
The lawyer has prepared a harangue for the **defence** of his client.

1301- ascolti - *listen*

Forse è meglio se (tu) **ascolti** i consigli dei genitori.
Maybe it's better if you **listen** to your parents' advice.

1302- collo - *neck*

Indossa sempre una catenina attorno al **collo**.
She always wears a chain around her **neck**.

1303- biglietto - *ticket*

Non puoi viaggiare in treno senza **biglietto**.
You can't travel by train without a **ticket**.

1304- scorso - *last*

Lo **scorso** anno abbiamo incrementato il fatturato del 10%.
Last year we increased our turnover by 10%.

1305- libri - *books*

Ho venduto alcuni **libri** al mercatino dell'usato.
I sold some **books** at the flea market.

1306- chiavi - *keys*

Passami le **chiavi** così apro la porta.
Pass me the **keys** so I can open the door.

1307- aereo - *plane*

È la prima volta che viaggio in **aereo**.
It's the first time I have travelled by **plane**.

1308- nomi - *names*

Scrivi i **nomi** di tutti gli alunni che sono presenti oggi.
Write the **names** of all the students who are present today.

1309- seduto - *sat*

Alzati! Ti sei **seduto** sulla mia borsa.
Stand up! You **sat** on my bag.

1310- naso - *nose*

Ha lo stesso **naso** di sua madre.
He has the same **nose** as his mother.

1311- memoria - *memory*

È stata organizzata una cerimonia in **memoria** delle vittime del terremoto.
A ceremony in **memory** of the victims of the earthquake was organised.

1312- soldato - *soldier*

È arruolato come **soldato** nell'esercito degli Stati Uniti.
He is enlisted as a **soldier** in the United States Army.

1313- aria - *aria*

La cantante ha eseguito un'**aria** da una famosa opera di Giuseppe Verdi.
The singer performed an **aria** from a famous opera of Giuseppe Verdi.

1314- vorresti - *you would like*

Cosa **vorresti** fare (tu) dopo l'università?
What **would you like** to do after university?

1315- cominciato - *begun*

Ha appena **cominciato** a piovere.
It has just **begun** to rain.

1316- laggiù - *over there*

Perché c'è tanta gente **laggiù**?
Why are there so many people **over there**?

1317- alta - *tall*

È molto **alta** e gioca a pallavolo.
She is very **tall** and plays volleyball.

1318- inglese - *English*

Studio **inglese** da quando ero alla scuola materna.
I've been studying **English** since I was at the kindergarten.

1319- sembrano - *look*

Quelle giacche non mi **sembrano** le vostre.
Those jackets don't **look** like yours.

1320- preoccupare - *to worry*

(tu) Non ti devi **preoccupare** se non conosci nessuno.
You don't have **to worry** if you do not know anyone.

1321- fiducia - *trust*

Vorrei solo sapere se hai **fiducia** in me.
I would just like to know if you have **trust** in me.

1322- vicini - *neighbours*

I miei **vicini** sono delle persone molto cordiali.
My **neighbours** are very friendly people.

1323- esci - *go out*

Chiudi la porta quando (tu) **esci**.
Close the door when you **go out**.

1324- ottenere - *to get*

Per **ottenere** quel lavoro dovrò fare buona impressione.
To get that job I will have to make a good impression.

1325- muro - *wall*

Non creare un **muro** tra me e te.
Don't build a **wall** between you and me.

1326- pazza - *crazy*

Urlava come una **pazza** in mezzo alla strada.
She screamed like **crazy** in the middle of the street.

1327- arrabbiato - *angry*

Non ho ancora capito perché si è **arrabbiato**.
I haven't figured out yet why he got **angry**.

1328- quest'uomo - *this man*

Chi è **quest'uomo** e come si chiama?
Who is **this man** and what's his name?

1329- periodo - *period*

Il **periodo** post guerra fu molto difficile per l'Italia.
The post-war **period** was very difficult for Italy.

1330- razza - *breed*

Di che **razza** è il tuo cane?
What **breed** is your dog?

1331- portata - *course*

La prima **portata** era un risotto con i funghi.
The first **course** was a risotto with mushrooms.

1332- ami - *hooks*

Hai portato gli **ami** da pesca?
Did you bring fishing **hooks**?

1333- natura - *nature*

È un amante della **natura**, in particolare degli animali.
He is a **nature** lover, especially of animals.

1334- diversi - *different*

Siamo molto **diversi**, ma ci capiamo con un solo sguardo.
We are very **different**, but we understand each other with one look.

1335- vincere - *to win*

Si sta allenando molto per **vincere** la corsa campestre.
He is training hard **to win** the cross-country race.

1336- lascio - *leave*

(io) **Lascio** la tua cena nel forno.
I **leave** your dinner in the oven.

1337- tranne - *except*

Tutti si sono divertiti, **tranne** te.
Everyone had fun, **except** you.

1338- prezzo - *price*

È il **prezzo** da pagare per essere famosi.
It is the **price** to pay to be famous.

1339- pensate - *think*

Cosa ne **pensate** (voi) del nuovo collega?
What do you **think** of the new colleague?

1340- bellissimo - *great*

Sarebbe **bellissimo** rivedersi ancora.
It would be **great** to see each other again.

1341- nascosto - *hidden*

Dove hai **nascosto** il tesoro?
Where have you **hidden** the treasure?

1342- mossa - *move*

Quale sarà la prossima **mossa** dell'avversario?
What will be the opponent's next **move**?

1343- animali - *animals*

Sta realizzando un documentario sugli **animali** della savana.
He is making a documentary on savannah **animals**.

1344- nemico - *enemy*

L'alcool è **nemico** della dieta.
Alcohol is an **enemy** of the diet.

1345- darti - *give you*

Mi spiace, ma non posso **darti** una mano.
I'm sorry, but I can't **give you** a hand.

1346- frega - *care*

Non me ne **frega** niente.
I don't **care**.

1347- strana - *strange*

Sono davvero una **strana** coppia.
They are really a **strange** couple.

1348- ufficiale - *official*

Il loro fidanzamento è stato reso **ufficiale**.
Their engagement has been made **official**.

1349- notato - *noticed*

Non ho **notato** nulla di strano nel suo comportamento.
I haven't **noticed** anything strange in his behaviour.

1350- prendendo - *taking*

Che pastiglia stai **prendendo** per il mal di testa?
What tablet are you **taking** for a headache?

1351- scherzo - *joke*

Le hanno fatto uno **scherzo** di cattivo gusto.
They made her a bad **joke**.

1352- massimo - *maximum*

Qual è il livello **massimo** di acqua?
What's the **maximum** level of water?

1353- nuove - *new*

Ho bisogno di un paio di scarpe **nuove**.
I need a **new** pair of shoes.

1354- clienti - *customers*

Tutti i suoi **clienti** si sono lamentati dell'aumento di prezzo.
All his **customers** complained about the price increase.

1355- carte - *cards*

Vuoi giocare a **carte**?
Would you like to play **cards**?

1356- appartamento - *flat*

Vive in un **appartamento** in centro a Milano.
He lives in a **flat** in the centre of Milan.

1357- quell'uomo - *that man*

Quell'uomo è fermo davanti a casa nostra da giorni.
That man has been standing in front of our house for days.

1358- ringrazio - *thank*

(io) **Ringrazio** tutti voi per l'affetto che mi avete mostrato.
I **thank** all of you for the affection you showed me.

1369- aiutarla - *help you (formal)*

Posso **aiutarla**?
Can I **help you**?

1360- andrò - *will go*

Sono stanco e credo che (io) me ne **andrò** a casa.
I'm tired and I think **I'll go** home.

1361- serie - *series*

Amo guardare le **serie** TV.
I love watching TV **series**.

1362- poliziotti - *policemen*

I **poliziotti** stanno pattugliando tutto il quartiere alla ricerca del ladro.
The **policemen** are patrolling the whole neighbourhood in search of the thief.

1363- faranno - *will do*

Dicono che (loro) **faranno** i compiti in nostra assenza.
They say they **will do** their homework in our absence.

1364- ferito - *wounded*

È stato **ferito** durante la sparatoria con i criminali.
He was **wounded** during the shooting with the criminals.

1365 -persino - *even*

Persino mia nonna conosce quel cantante.
Even my grandmother knows that singer.

1366- terzo - *third*

Mi daresti la soluzione del **terzo** problema di matematica?
Would you give me the solution for the **third** math problem?

1367- spirito - *spirit*

Ha affrontato la sfida con **spirito** di iniziativa.
He faced the challenge with a **spirit** of initiative.

1368- inizio - *beginning*

Questo è solo l'**inizio** di una entusiasmante avventura.
This is just the **beginning** of an exciting adventure.

1369- mangiato - *eaten*

Chi ha **mangiato** tutta la torta?
Who has **eaten** the whole cake?

1370- chiamate - *called*

Le mie amiche sono state **chiamate** a lavorare come hostess al convegno.
My friends were **called** to work as hostesses at the convention.

1371- mette - *puts*

È suo marito che **mette** i soldi per aprire il negozio.
It is her husband who **puts** up the money to open the shop.

1372- progetto - *project*

Sto cercando qualcuno che possa finanziare il mio **progetto**.
I'm looking for someone who can finance my **project**.

1373- abbiano - *have*

Pensi che (loro) non **abbiano** idea di cosa stanno facendo?
Do you think they **have** no idea what they are doing?

1374- cerchi - *search*

Se (tu) **cerchi** attentamente lo troverai.
If you **search** carefully you will find it.

1375- controllato - *checked*

Ho appena **controllato** i voli per domani e sono confermati.
I have just **checked** the flights for tomorrow and they are confirmed.

1376- piangere - *to cry*

Non devi **piangere** alla prima difficoltà.
You don't have **to cry** at the first difficulty.

1377- scegliere - *to choose*

Non so quale gusto di gelato **scegliere** perché mi piacciono tutti.
I don't know what taste of ice cream **to choose** because I like them all.

1378- vederla - *see her*

Mi spiace **vederla** soffrire.
I'm sorry to **see her** suffer.

1379- lingua - *language*

In che **lingua** parli?
What **language** do you speak?

1380- colazione - *breakfast*

Facciamo **colazione** insieme?
Shall we have **breakfast** together?

1381- taxi - *taxi*

Potrebbe chiamarmi un **taxi**?
Could you please call a **taxi** for me?

1382- inoltre - *besides*

È arrogante, **inoltre** è anche stupido.
He is arrogant, **besides** he is also stupid.

1383- saprei - *would know*

Se fossi in te (io) non **saprei** quale auto scegliere.
If I were you I **would** not **know** which car to choose.

1384- battaglia - *battle*

È impegnato in una **battaglia** per i diritti civili.
He is engaged in a **battle** for civil rights.

1385- sexy - *sexy*

Ha comprato un completino intimo molto **sexy**.
She bought very **sexy** lingerie.

1386- ragazzino - *little boy*

Quel **ragazzino** è veramente capriccioso.
That **little boy** is really capricious.

1387- piccoli - *small*

Procediamo per **piccoli** passi.
We proceed by **small** steps.

1388- locale - *local*

La popolazione **locale** non ha gradito l'arrivo degli ospiti stranieri.
The **local** population did not like the arrival of foreign guests.

1389- verde - *green*

Quando il semaforo è **verde** puoi attraversare la strada.
When the light is **green** you can cross the road.

1390- stazione - *station*

Dalla **stazione** di Milano partono centinaia di treni ogni giorno.
From Milan **station**, hundreds of trains leave every day.

1391- dipartimento - *department*

Il **dipartimento** di informatica ha rilasciato un nuovo programma.
The IT **department** has released a new program.

1392- faccenda - *business*

Questa **faccenda** non mi riguarda.
This **business** does not concern me.

1393- chiedi - *ask*

(tu) **Chiedi** all'insegnante se domani è previsto un nuovo test.
Ask the teacher if tomorrow a new test is planned.

1394- energia - *energy*

Il vento è la fonte di **energia** più sostenibile.
Wind is the most sustainable source of **energy**.

1395- anno - *year*

In quale **anno** sei nato?
Which **year** were you born in?

1396- perfetta - *perfect*

È **perfetta** per quel ruolo nella commedia.
She is **perfect** for that role in the comedy.

1397- punti - *points*

Ho accumulato dei **punti** sulla tessera fedeltà del supermercato.
I accumulated **points** on the supermarket loyalty card.

1398- proteggere - *to protect*

Devi **proteggere** la tua pelle dal sole.
You have **to protect** your skin from the sun.

1399- accanto - *next to*

Mia sorella vive nell'appartamento **accanto** al mio.
My sister lives in the apartment **next to** mine.

1400- testimone - *witness*

È stato **testimone** di un omicidio ed è sconvolto.
He was the **witness** of a murder and he is upset.

1401- mangia - *eats*

Mio figlio **mangia** pochissimo.
My son **eats** very little.

1402- campione - *sample*

Posso offrirle un **campione** di questo nuovo shampoo?
Can I offer you a **sample** of this new shampoo?

1403- abbia - *has*

Credo che (lui) **abbia** una scheggia nella mano.
I think he **has** a splinter in his hand.

1404- grave - *serious*

È stato colpito da una malattia **grave**.
He was struck by a **serious** illness.

1405- vedrai - *will see*

(tu) **Vedrai** che ce la farai.
You **will see** that you'll make it.

1406- stagione - *season*

Qual è la tua **stagione** preferita?
What is your favourite **season**?

1407- attacco - *attack*

Dopo aver incassato un goal, la squadra è andata all'**attacco**.
After scoring a goal, the team went on the **attack**.

1408- guardami - *look at me*

(tu) **Guardami** e dimmi che non hai copiato i compiti dai tuoi compagni.
Look at me and tell me that you didn't copy the homework from your classmates.

1409- compito - *task*

Gli ho affidato un **compito** molto importante.
I gave him a very important **task**.

1410- vedete - *see*

Mi chiamate se (voi) **vedete** la mia gatta in giro?
Will you call me if you **see** my cat around?

1411- utile - *useful*

Il seminario è stato molto **utile** per la mia professione.
The seminar was very **useful** for my profession.

1412- metto - *put*

Dove **metto** (io) le borse della spesa?
Where do I **put** the shopping bags?

1413- grandioso - *great*

Il film di quel giovane regista è **grandioso**.
The film of that young director is **great**.

1414- ferita - *wound*

Cadendo dalla moto mi sono procurato una **ferita** sul polpaccio.
Falling off the bike I got a **wound** on the calf.

1415- furgone - *van*

Di chi è quel **furgone** bianco in fondo alla via?
Whose's that white **van** at the end of the street?

1416- fottuto - *stolen*

Mi hanno **fottuto** la bici, accidenti!
Someone has **stolen** my bike, damn it!

1417- colore - *colour*

Vorrei cambiare **colore** ai capelli, mi puoi consigliare?
I would like to change hair **colour**, can you recommend me?

1418- dubbio - *doubt*

Questo **dubbio** mi rende nervosa.
This **doubt** makes me nervous.

1419- scatola - *box*

Ho messo tutte le tue cose in una **scatola** in soffitta.
I put all your stuff in a **box** in the attic.

1420- assassino - *murderer*

Il nome dell'**assassino** non è mai stato rivelato.
The name of the **murderer** has never been revealed.

1421- preoccupato - *worried*

Non sono affatto **preoccupato** per l'operazione.
I'm not **worried** at all about the operation.

1422- provi - *feel*

Continua a chiedermi cosa (tu) **provi** per lui.
He keeps asking me what you **feel** for him.

1423- scopo - *purpose*

Qual è lo **scopo** della tua telefonata?
What is the **purpose** of your call?

1424- alzati - *stand up*

Se vuoi un bicchiere d'acqua, (tu) **alzati** e vai a prenderlo.
If you want a glass of water, **stand up** and go get it.

1425- carriera - *career*

Ha fatto una **carriera** interessante nel settore della moda.
He made an interesting **career** in the fashion industry.

1426- aiutami - *help me*

(tu) **Aiutami** a capire cosa dice questo testo.
Help me understand what this text says.

1427- sensazione - *feeling*

Non so perché ma ho una brutta **sensazione**.
I do not know why but I have a bad **feeling**.

1428- perciò - *so*

Sono stanca, **perciò** non vengo al cinema.
I'm tired, **so** I will not come to the cinema.

1429- aiutato - *helped*

Posso sapere chi ti ha **aiutato** a fare i compiti?
May I know who has **helped** you do your homework?

1430- riunione - *meeting*

La **riunione** è fissata per domani mattina alle 9:00.
The **meeting** is scheduled for tomorrow at 9 am.

1431- avermi - *to have me*

Lui voleva **avermi** come assistente.
He wanted **to have me** as an assistant.

1432- fantastica - *fantastic*

Che idea **fantastica**!
What a **fantastic** idea!

1433- evitare - *to avoid*

Non sono riuscito ad **evitare** l'incidente.
I was not able **to avoid** the accident.

1434- coppia - *couple*

La **coppia** che abita vicino a noi è molto carina.
The **couple**, that lives near us, is very nice.

1435- turno - *turn*

Attenda il suo **turno** in sala d'aspetto, per favore.
Wait for your **turn** in the waiting room, please.

1436- uscita - *exit*

L'**uscita** del cinema è là in fondo.
The **exit** of the cinema is over there.

1437- potrai - *can*

(tu) **Potrai** mai perdonarmi?
Can you ever forgive me?

1438- sentimenti - *feelings*

Le ho parlato dei miei **sentimenti** senza alcuna paura.
I told her about my **feelings** without any fear.

1439- pesce - *fish*

Io mangio **pesce** ogni venerdì.
I eat **fish** every Friday.

1440- torta - *cake*

La mia **torta** di compleanno era deliziosa.
My birthday **cake** was delicious.

1441- costa - *costs*

Quanto **costa** un chilo di pane?
How much does a pound of bread **cost**?

1442- torniamo - *go back*

Se hai freddo, perché (noi) non **torniamo** a casa?
If you're cold, why don't we **go back** home?

1443- chiudere - *to close*

Non dimenticarti di **chiudere** le tapparelle prima di andare a dormire.
Do not forget **to close** the blinds before going to sleep.

1444- muoviti - *get a move on*

(tu) **Muoviti** o farai tardi al lavoro!
Get a move on or you'll be late for work!

1445- contrario - *opposite*

Mia mamma dice una cosa e anche il suo **contrario**.
My mother says one thing and also its **opposite**.

1446- averla - *to have her*

L'ho chiamata alle 8:00 e spero di non **averla** svegliata.
I called her at 8 am and I hope not **to have** woken **her** up.

1447- fede - *faith*

Ognuno dovrebbe professare la propria **fede** liberamente.
Everyone should profess their **faith** freely.

1448- corsa - *motion*

Non scendere dal treno in **corsa**.
Don't get off the train when it's in **motion**.

1449- diventa - *becomes*

Quando il bambino **diventa** teenager, i problemi aumentano.
When a child **becomes** a teenager, problems increase.

1450- povero - *poor*

Il sud del mondo è sempre più **povero**.
The south of the world is increasingly **poor**.

1451- dovevi - *had to*

Secondo me (tu) **dovevi** provare a parlarle.
In my opinion, you **had to** try to talk to her.

1452- bianca - *white*

La sua pelle è **bianca** come il latte.
Her skin is as **white** as milk.

1453- denti - *teeth*

Si è rotto i **denti** mangiando una noce.
He broke his **teeth** by eating a nut.

1454- diverse - *several*

L'ho incontrata **diverse** volte e non mi ha detto nulla.
I met her **several** times and she did not tell me anything.

1455- fermare - *stop*

Dimmi se riesci a **fermare** il tempo.
Tell me if you are able **to stop** time.

1456- soldati - *soldiers*

I **soldati** marciavano verso il fronte.
The **soldiers** marched to the front.

1457- zia - *aunt*

Mia **zia** lavora in un allevamento per cani.
My **aunt** works in a dog farm.

1458- cani - *dogs*

Alleva **cani** di tutte le razze.
She breeds **dogs** of all races.

1459- rotta - *route*

La nave seguiva la **rotta** tracciata dal capitano.
The ship followed the **route** traced by the captain.

1460- chiamano - *call*

I vicini **chiamano** la polizia ogni volta che invito qualche amico.
The neighbours **call** the police whenever I invite a friend.

1461- andava - *went*

Da giovane lei **andava** tutte le settimane dall'estetista.
As a young woman, she **went** every week to the beautician.

1462- buoni - *vouchers*

Ho dei **buoni** spesa da utilizzare entro la fine dell'anno.
I have some shopping **vouchers** to be used by the end of the year.

1463- praticamente - *practically*

Questo corso è stato **praticamente** inutile.
This course was **practically** useless.

1464- inutile - *useless*

È **inutile** cercare di convincerla del contrario.
It is **useless** to try to convince her otherwise.

1465- resti - *remains*

Getta i **resti** del pollo nella spazzatura.
Throw the **remains** of the chicken in the trash.

1466- ognuno - *everyone*

Ognuno ha diritto di essere felice.
Everyone has the right to be happy.

1467- saremmo - *would have*

Sapeva che (noi) **saremmo** andati.
He knew we **would have** gone.

1468- storie - *stories*

Scrive **storie** per bambini.
He writes **stories** for children.

1469- cioè - *that is*

Amo un ragazzo con gli occhi verdi, **cioè** te.
I love a boy with green eyes, and **that is** you.

1470- dirle - *to tell her*

Volevo **dirle** la verità, ma non la vedo da giorni.
I wanted **to tell her** the truth, but I haven't seen her for days.

1471- dà - *gives*

La nocciola mi **dà** allergia.
The hazelnut **gives** me allergy.

1472- professore - *teacher*

Il **professore** di storia prepara lezioni molto coinvolgenti.
The history **teacher** prepares very engaging lessons.

1473- ristorante - *restaurant*

Ceniamo al **ristorante** stasera?
Shall we have dinner at the **restaurant** tonight?

1474- buio - *dark*

Ho difficoltà a guidare quando diventa **buio**.
I find it difficult to drive when it gets **dark**.

1475- decidere - *decide*

Ti vuoi **decidere** una volta per tutte?
Do you want **to decide** once and for all?

1476- giocattoli - *toys*

Riordina i tuoi **giocattoli** prima di andare a dormire.
Tidy up your **toys** before going to sleep.

1477- orribile - *horrible*

Ha una acconciatura **orribile** stasera.
She has a **horrible** hairstyle tonight.

1478- rilassati - *relax*

Adesso **rilassati** e bevi un po' di tisana.
Now **relax** and drink some herbal tea.

1479- continui - *keep*

È inutile che (tu) **continui** a ripetere sempre le solite cose.
It is useless for you to **keep** repeating the same things all the time.

1480- ascoltare - *to listen*

Non devi **ascoltare** tutti, solo quelli di cui ti fidi.
You don't have **to listen** to everyone, only those you trust.

1481- colpevole - *guilty*

Ha dichiarato ai giudici di essere **colpevole**.
He said to the judges he was **guilty**.

1482- fiori - *flowers*

Le ha regalato un mazzo di **fiori** gialli per il loro anniversario.
He gave her a bouquet of yellow **flowers** for their anniversary.

1483- dí - *day*

Un **dì** è di 24 ore.
One **day** is 24 hours.

1484- basso - *low*

Lui è un manager di **basso** profilo.
He is a **low** profile manager.

1485- nato - *born*

Dove sei **nato**?
Where were you **born**?

1486- principe - *prince*

Era così elegante da sembrare un **principe**.
He was so elegant that he looked like a **prince**.

1487- ridere - *to laugh*

Cos'è che ti fa **ridere**?
What makes you **laugh**?

1488- vince - *wins*

Chi **vince** ha porzione doppia di pizza.
Whoever **wins** has a double portion of pizza.

1489- piaciuto - *liked*

Sapevo che si sarebbe **piaciuto**.
I knew you would have **liked** it.

1490- Londra - *London*

Molti italiani vanno a **Londra** a studiare.
Many Italians go to **London** to study.

1491- prendiamo - *take*

È okay se (noi) **prendiamo** il primo aereo del mattino per Parigi?
Is it okay if we **take** the first-morning flight to Paris?

1492- vaffanculo - *fuck you*

Ha urlato "**vaffanculo**" e se ne è andata.
She screamed "**fuck you**" and left.

1493- retro - *back*

Controlla se la porta sul **retro** è chiusa.
Check if the **back** door is closed.

1494- chiusa - *closed*

La questione è **chiusa**.
The question is **closed**.

1495- macchine - *cars*

Ci sono davvero troppe **macchine** nel parcheggio.
There are really too many **cars** in the parking lot.

1496- prendermi - *to pick me up*

A che ora sei disponibile per passare a **prendermi**?
What time are you available to **pick me up**?

1497- ballare - *dance*

In quel locale si può **ballare** tutta la notte.
In that place, it's possible **to dance** all night.

1498- aperta - *open*

La nostra azienda è **aperta** 24/7.
Our company is **open** 24/7.

1499- funzionato - *worked*

Ha **funzionato** il tuo piano?
Has your plan **worked**?

1500- piede - *foot*

Qual è la misura del tuo **piede**?
What's the size of your **foot**?

1501- dipende - *it depends*

Il successo **dipende** da te.
Success **depends** on you.

1502- giovani - *young people*

I **giovani** fanno fatica a ottenere un lavoro in Italia.
Young people find it hard to get a job in Italy.

1503- conta - *matters*

Non **conta** quello che indossi, ma ciò che sei.
It does not **matter** what you wear, but who you are.

1504- tiene - *cares*

(lui) **Tiene** molto al suo look.
He **cares** about his look.

1505- teoria - *theory*

La sua **teoria** sul matrimonio non mi convince.
His **theory** about marriage does not convince me.

1506- comincia - *begins*

In tardo autunno (il cielo) **comincia** a diventare buio presto.
In late autumn it **begins** to get dark early.

1507- creato - *created*

Ha **creato** un nuovo marchio di t-shirt per i giovani.
He has **created** a new t-shirts brand for young people.

1508- principale - *main*

Qual è l'indirizzo **principale** dell'azienda?
What is the **main** address of the company?

1509- casi - *cases*

Ci sono vari **casi** di varicella alla scuola materna.
There are several **cases** of chickenpox at the nursery school.

1510- felici - *happy*

Non li ho mai visti così **felici**.
I've never seen them so **happy**.

1511- soprattutto - *especially*

Bevo molto, **soprattutto** in estate.
I drink a lot, **especially** in summer.

1512- faresti - *would do*

Cosa **faresti** se fossi milionario?
What **would** you **do** if you were a millionaire?

1513- ridicolo - *ridiculous*

Si è reso **ridicolo** davanti a tutta la classe.
He made himself look **ridiculous** in front of the whole class.

1514- visti - *seen*

Non si sono **visti** per tutta la sera.
They have not been **seen** for the whole evening.

1515- giustizia - *justice*

Spero che la **giustizia** gli dia la punizione che si merita.
I hope **justice** will give him the punishment he deserves.

1516- entrambe - *both*

Entrambe le sorelle hanno i capelli lunghi.
Both sisters have long hair.

1517- tengo - *care*

(io) Ci **tengo** a conoscere il tuo parere.
I **care** to know your opinion.

1518- fila - *queue*

Mi scusi, dove inizia la **fila**?
Excuse me, where does the **queue** start?

1519- mandare - *to send*

Vorrei **mandare** questa lettera con posta prioritaria.
I would like **to send** this letter with priority mail.

1520- meraviglioso - *wonderful*

È **meraviglioso** sentirti raccontare storie.
It's **wonderful** to hear you telling stories.

1521- ricordare - *to remind*

Posso chiederti di **ricordare** a Marco l'appuntamento di questa sera?
May I ask you **to remind** Marco of this evening appointment?

1522- pensano - *think*

Vorrei sapere cosa (loro) **pensano** veramente di me.
I would like to know what they really **think** of me.

1523- rispondi - *answer*

Perché (tu) non **rispondi** quando tu chiamo?
Why don't you **answer** when I call?

1524- fiume - *river*

Il **fiume** in piena ha travolto un villaggio di 1.000 persone.
The **river** flooded a village of 1,000 people.

1525- mantenere - *to keep*

Devi **mantenere** la parola data.
You have **to keep** the word given.

1526- bacio - *kiss*

Prima di partire le ha dato l'ultimo **bacio**.
Before leaving he gave her the last **kiss**.

1527- conti - *accounts*

Devo controllare i **conti** del progetto perché i numeri non quadrano.
I have to check the project **accounts** because the figures don't balance.

1528- affare - *deal*

Hai fatto un **affare** ad assumere quella commessa.
You made a **deal** to hire that clerk.

1529- Parigi - *Paris*

Ciò che mi piace di **Parigi** è l'atmosfera bohémienne.
What I like about **Paris** is the bohemian atmosphere.

1530- eroe - *hero*

Lo considerano un **eroe**, ma ha fatto solo il suo lavoro.
They consider him a **hero**, but he only did his job.

1531- cattiva - *bad*

Ha una **cattiva** reputazione ma in fondo è un bravo ragazzo.
He has a **bad** reputation, but he is a good boy.

1532- tiro - *aim*

Forse è meglio che abbassi il **tiro** e compri un'auto più economica.
Maybe it's better that you lower your **aim** and buy a cheaper car.

1533- stavano - *were*

(loro) **Stavano** facendo pausa, quando il capo è entrato urlando.
They **were** having a break when the boss came in screaming.

1534- stanco - *tired*

Non capisco perché mi sento **stanco** alle 10 di mattina.
I don't understand why I feel **tired** at 10 am.

1535- pausa - *break*

Facciamo una **pausa**!
Let's have a **break**!

1536- troviamo - *meet*

Quando ci **troviamo** (noi) per studiare fisica?
When do we **meet** to study physics?

1537- cadavere - *dead body*

Era pallido come un **cadavere**.
He was as pale as a **dead body**.

1538- guidare - *to drive*

Non riesco più a **guidare** di sera.
I am no longer able **to drive** in the evening.

1539- schiena - *back*

Ha portato uno zaino pesantissimo sulla **schiena** per ore.
He has carried a heavy backpack on his **back** for hours.

1540- pensiero - *thought*

Non ti preoccupare per il regalo, è il **pensiero** che conta.
Don't worry about the gift, it is the **thought** that counts.

1541- discorso - *speech*

Ha tenuto un **discorso** in Parlamento e tutti lo hanno applaudito.
He gave a **speech** in Parliament and everyone applauded him.

1542- paga - *pay*

Visto che chi **paga** sono io, decido dove andare.
Since I **pay**, I decide where to go.

1543- coltello - *knife*

Mi passi quel **coltello** per tagliare la carne?
Can you pass that **knife** to cut the meat?

1544- capace - *able*

Dice che non è **capace** di parlare in italiano.
He says he is not **able** to speak in Italian.

1545- andartene - *to leave*

Cosa ti è venuto in mente di **andartene** nel mezzo della festa?
Where did you get the idea **to leave** in the middle of the party?

1546- inizia - *starts*

Questa faccenda **inizia** a innervosirmi.
This matter **starts** to get me nervous.

1547- magnifico - *magnificent*

Il **Magnifico** Rettore della mia Università parla 5 lingue.
The **Magnificent** Rector of my University speaks 5 languages.

1548- risolvere - *to solve*

Perché non cercate di **risolvere** la questione una volta per tutte?
Why don't you try **to solve** the matter once and for all?

1549- stavolta - *this time*

Stavolta prova a capire il mio punto di vista.
This time try to understand my point of view.

1550- milione - *million*

Un **milione** di persone hanno partecipato alla manifestazione.
One **million** people took part in the event.

1551- umana - *compassionate*

Il mio capo è una persona davvero **umana**.
My boss is a really **compassionate** person.

1552- sissignore - *yes, sir*

"Avete lavato i denti?" "**Sissignore!**"
"Did you brush your teeth?" "**Yes, sir!**"

1553- sbrigati - *hurry up*

(tu) **Sbrigati** a vestirti, sei in ritardo!
Hurry up to get dressed, you're late!

1554- n'è - *any*

Mi spiace, non ce **n'è** più di pasta.
Sorry, there isn't **any** more pasta.

1555- spada - *sword*

Ho una **spada** di Damocle sulla testa.
I have a **sword** of Damocles on my head.

1556- centrale - *central*

Questo è il punto **centrale** dell'opera.
This is the **central** point of the work.

1557- breve - *short*

Ha fatto una **breve** esperienza di lavoro in una società di consulenza.
He had a **short** working experience in a consulting firm.

1558- debole - *weakness*

Ho un **debole** per le ragazze con i capelli rossi.
I have a **weakness** for girls with red hair.

1559- occhio - *eye*

Ha un **occhio** per i dettagli.
She has an **eye** for detail.

1560- sveglia – *alarm clock*

A che ora hai puntato la **sveglia**?
What time did you set the **alarm clock**?

1561- impronte - *prints*

Ha lasciato **impronte** di scarpe per tutta la casa.
He left shoe **prints** all over the house.

1562- stile - *style*

Mia nipote ha uno **stile** molto distintivo.
My niece has a very distinctive **style**.

1563- suona - *goes off*

La sveglia **suona** ogni mattina sempre alla stessa ora.
The alarm clock **goes off** at the same time every morning.

1564- vento - *wind*

Sento il rumore del **vento** tra gli alberi.
I hear the sound of the **wind** in the trees.

1565- ora - *now*

Fallo **ora** o mai più.
Do it **now** or never.

1566- prenderete - *will get*

Vuole sapere se (voi) **prenderete** un gatto un giorno.
He wants to know if you **will get** a cat one day.

1567- morendo - *dying*

Mentre stava **morendo** ha espresso le sue ultime volontà.
While he was **dying** he expressed his last wishes.

1568- popolo - *people*

Ha chiamato il **popolo** a lottare contro le ingiustizie.
He urged the **people** to fight injustice.

1569- conoscenza - *knowledge*

Se vuoi aumentare la tua **conoscenza** devi leggere molto.
If you want to increase your **knowledge** you have to read a lot.

1570- rose - *roses*

Mi è venuto a trovare con un mazzo di **rose**.
He came to see me with a bunch of **roses**.

1571- mercato - *market*

Il **mercato** delle automobili ha subito una crisi.
The car **market** has suffered a crisis.

1572- peso - *weight*

Non ti dirò mai quanto **peso**.
I will never tell you how much I **weigh**.

1573- preferito - *preferred*

Ho **preferito** non andare via questo weekend.
I have **preferred** not to leave this weekend.

1574- pantaloni - *trousers*

Indossa sempre e solo **pantaloni**, mai gonne.
She always wears only **trousers**, never skirts.

1575- distrutto - *destroyed*

Dopo una settimana di lavoro mi sento **distrutto**.
After a week of work, I feel **destroyed**.

1576- accettare - *accept*

Mi spiace ma non me la sento di **accettare** la tua proposta.
I'm sorry but I don't feel like **to accept** your proposal.

1577- tetto - *roof*

Il mio gatto è caduto dal **tetto** almeno dieci volte.
My cat fell from the **roof** at least ten times.

1578- forze - *forces*

Lavora nelle **forze** armate del suo paese.
He works in the armed **forces** of his country.

1579- tracce - *traces*

Ci sono **tracce** di soia in questo snack.
There are **traces** of soy in this snack.

1580- smesso - *stopped*

Da quando ho **smesso** di fumare sono ingrassato.
Since I have **stopped** smoking I have gained weight.

1581- usando - *using*

Chi sta **usando** l'asciugacapelli?
Who is **using** the hair dryer?

1582- idee - *ideas*

Ha tante **idee**... troppe!
He has many **ideas**... too many!

1583- americano - *American*

Un caffè **americano**, per favore.
An **American** coffee, please.

1584- seguire - *to follow*

Quell'uomo ci continua a **seguire**.
That man continues **to follow** us.

1585- sbagliata - *wrong*

Ho telefonato alla persona **sbagliata**.
I called the **wrong** person.

1586- contenta - *happy*

Lei è molto **contenta** del successo del figlio.
She is very **happy** with her son's success.

1587- stella - *star*

La sua buona **stella** lo aiuta sempre.
His good **star** always helps him.

1588- andrai - *are going*

Quando (tu) **andrai** in Africa?
When **are** you **going** to Africa?

1589- malattia - *sickness*

Ho chiesto un permesso al lavoro a causa di **malattia**.
I asked for a work permit due to **sickness**.

1590- latte - *milk*

Il **latte** vaccino è incluso nella dieta?
Is cow's **milk** included in the diet?

1591- valore - *value*

Le sue affermazioni non hanno alcun **valore**.
His statements have no **value**.

1592- decisamente - *definitely*

È **decisamente** meglio lavorare che andare a scuola.
It's **definitely** better to work than to go to school.

1593- continuo - *keep*

Vai a casa, **continuo** io il lavoro.
Go home, I **keep** working.

1594- condizioni - *conditions*

Hanno lasciato la camera in **condizioni** pessime.
They left the room in bad **conditions**.

1595- dando - *working*

Mi sto **dando** da fare, ma non riesco a trovare un lavoro.
I'm **working** hard, but I can't find a job.

1596- credimi - *believe me*

(tu) **Credimi** quando ti dico che è una bugiarda.
Believe me when I tell you she's a liar.

1597- sbaglio - *mistake*

Chiunque può fare uno **sbaglio**.
Anyone can make a **mistake**.

1598- controlla - *checks*

Lei scrive e lui **controlla** se ha scritto nel modo giusto.
She writes and he **checks** if she has written in the right way.

1599- dovere - *duty*

Essere gentili con gli altri è un **dovere**.
Being kind to others is a **duty**.

1600- fidati - *trust*

(tu) **Fidati** del dottore; lui sa cosa dice.
Trust the doctor; he knows what he says.

1601- finisce - *ends*

Quando una relazione **finisce**, c'è molta tristezza.
When a relationship **ends**, there is a lot of sadness.

1602- troveremo - *will find*

(noi) **Troveremo** una soluzione al tuo problema.
We **will find** a solution to your problem.

1603- risultati - *results*

La cura non ha dato i **risultati** sperati.
The cure did not give the desired **results**.

1604- cento - *one hundred*

Conta fino a **cento** prima di parlare.
Count up to **one hundred** before speaking.

1605- metta - *put*

Vuoi che (io) **metta** a posto i giocattoli?
Do you want me to **put** my toys in order?

1606- enorme - *huge*

Ha fatto uno sbaglio **enorme** a lasciare il lavoro.
He made a **huge** mistake to quit his job.

1607- DNA - *DNA*

L'esame del **DNA** ha confermato che lui è il padre.
The **DNA** test confirmed that he is the father.

1608- piani - *plans*

Quali sono i tuoi **piani** per il prossimo mese?
What are your **plans** for the next month?

1609- dettagli - *details*

Ha curato tutti i **dettagli** in modo maniacale.
He handled all the **details** in a manic way.

1610- dimenticare - *to forget*

Bevo per **dimenticare** le sventure.
I drink **to forget** the misfortunes.

1611- tenuto - *held*

Quando si è **tenuto** l'ultimo concerto della tua band?
When was the last concert of your band **held**?

1612- gatto - *cat*

Il **gatto** del vicino miagola tutta la notte.
The neighbour's **cat** meows all night.

1613- buco - *hole*

Ho un **buco** nella tasca dei pantaloni.
I have a **hole** in my pants pocket.

1614- telefonata - *call*

Aspetto una sua **telefonata** da giorni.
I have been waiting for a **call** from you for days.

1615- insegnato - *taught*

Fin da piccola mi hanno **insegnato** a dire "grazie".
From an early age they have **taught** me to say "thank you".

1616- crederci - *believe it*

È incredibile, (io) non riesco a **crederci**!
It's incredible, I can't **believe it**!

1617- numeri - *numbers*

Quanti **numeri** ci sono in scaletta?
How many **numbers** are there in the lineup?

1618- sedia - *chair*

Ho aggiunto una **sedia** al tavolo degli ospiti.
I added a **chair** to the guest table.

1619- ghiaccio - *ice*

Gradisce del **ghiaccio** nella limonata?
Would you like some **ice** in the lemonade?

1620- convinto - *convinced*

Sei **convinto** di quello che fai?
Are you **convinced** of what you're doing?

1621- perdita - *loss*

L'azienda ha chiuso l'anno in **perdita**.
The company ended the year at a **loss**.

1622- corri - *run*

Se (tu) non **corri** perderai il treno.
If you don't **run**, you will miss the train.

1623- camion - *truck*

Un **camion** viaggiava nella corsia di emergenza a tutta velocità.
A **truck** was travelling in the emergency lane at full speed.

1624- omicidi - *murders*

È stato accusato di ben 5 **omicidi**.
He has been charged with 5 **murders**.

1625- particolare - *particular*

C'è qualche persona in **particolare** che non gradisci?
Is there any **particular** person that you do not like?

1626- malato - *sick*

Oggi non vengo al lavoro perché sono **malato**.
I'm not coming to work today because I'm **sick**.

1627- c'entra - *has to do with*

Il lavoro non **c'entra** nulla, sono stanco e basta.
The work **has** nothing **to do with** it, I'm tired and that's it.

1628- corte - *court*

La **corte** ha emesso la sua sentenza.
The **court** has given its sentence.

1629- contratto - *contract*

Oggi ho concluso un **contratto** con un cliente strategico.
Today I ended a **contract** with a strategic customer.

1630- andarci - *to go there*

Fammi capire perché non vuoi **andarci**.
Let me know why you do not want **to go there**.

1631- all'interno - *within*

All'interno del mio team ci sono persone molto qualificate.
Within my team, there are very qualified people.

1632- affrontare - *to face*

È meglio **affrontare** la questione una volta per tutte.
It is better **to face** the matter once and for all.

1633- all'inizio - *at first*

All'inizio pensavo che tu fossi odioso.
At first, I thought you were hateful.

1634- riuscire - *to be able to*

Perché pensi di non **riuscire** a fare il compito?
Why do you think you **are** not **able to** do the job?

1635- ultimamente - *lately*

Ultimamente ci sentiamo spesso.
Lately, we are often in touch.

1636- sii - *be*

(tu) **Sii** gentile con tua mamma.
Be kind to your mom.

1637- reso - *returned*

Non si può fare alcun reso nel weekend.
You can't make any **returned** goods at weekends.

1638 fargli - *to make him*

Non so come **fargli** capire che deve studiare.
I do not know how **to make him** understand that he has to study.

1639- sezione - *section*

Questa **sezione** dello schermo è danneggiata.
This **section** of the screen is damaged.

1640- legale - *legal*

Sei sicuro che questa azione è **legale**?
Are you sure this action is **legal**?

1641- peggiore - *worst*

È la situazione **peggiore** nella quale mi sono trovato.
It is the **worst** situation I found myself in.

1642- dirtelo - *to tell you*

Non so come **dirtelo**, ma non posso venire in vacanza.
I don't know how **to tell you**, but I can't come on vacation.

1643- provo - *try*

Ogni volta che (io) **provo** a parlarle mi stresso.
Every time I **try** to talk to her I get stressed.

1644- francese - *French*

Studio **francese** da quando sono piccola.
I've been studying **French** since I was a child.

1645- camminare - *to walk*

È bello **camminare** nei boschi in autunno.
It is lovely **to walk** in the woods in the fall.

1646- mentendo - *lying*

Non vedi che ti sta **mentendo**?
Can't you see he's **lying** to you?

1647- spiegare - *to explain*

Ho chiesto al professore di **spiegare** ancora le equazioni.
I asked the professor **to explain** the equations again.

1648- vendere - *to sell*

Davvero vorresti **vendere** casa tua?
Would you really like **to sell** your house?

1649- innocente - *innocent*

Ha l'aria **innocente**, ma dentro è una vipera.
He looks **innocent**, but inside he is a viper.

1650- copertura - *coverage*

Vorrei valutare un'altra **copertura** assicurativa.
I would like to evaluate another insurance **coverage**.

1651- braccia - *arms*

Ha stretto suo figlio tra le **braccia** e hanno fatto pace.
He held his son in his **arms** and they made peace.

1652- fianco - *side*

Siediti qui al mio **fianco**.
Sit down here by my **side**.

1653- tanta - *much*

Qual è il motivo di **tanta** preoccupazione?
What is the reason for so **much** concern?

1654- creare - *to create*

Devi **creare** un account per accedere al sito.
You have **to create** an account to access the site.

1655- incontrare - *to meet*

Non lo voglio proprio **incontrare**.
I don't really want **to meet** him.

1656- metà - *half*

Se lo desideri, posso darti **metà** della mia torta.
If you wish I can give you **half** of my cake.

1657- parecchio - *a lot of*

Ci vuole **parecchio** fiato per correre così tanto.
It takes **a lot of** breath to run so much.

1658- finale - *end*

E proprio sul **finale** c'è stato il colpo di scena.
And at the **end,** there was the plot twist.

1659- americani - *American*

Guardo solo film **americani**.
I only watch **American** movies.

1660- succederà - *will happen*

Chissà cosa **succederà** quando scoprirà la verità.
Who knows what **will happen** when he finds out the truth.

1661- leggi - *read*

Se (tu) **leggi** poco avrai un vocabolario povero.
If you **read** a little you will have a poor vocabulary.

1662- bevuto - *drunk*

Ho **bevuto** quattro birre finora.
I have **drunk** four beers so far.

1663- fece - *made*

Lui le **fece** recapitare una lettera con minacce.
He **made** her have a letter with threats.

1664- drink - *drink*

Un soft **drink**, per favore.
A soft **drink**, please.

1665- tribunale - *court*

La questione verrà risolta in **tribunale**.
The matter will be resolved in **court**.

1666- succedere - *to happen*

Ho paura di ciò che potrebbe **succedere**.
I'm afraid of what could **happen**.

1667- buonasera - *good evening*

Buonasera, potrei parlare con Nina per favore?
Good evening, could I talk to Nina, please?

1668- riuscita - *succeeded*

Ha il rimorso di non essere **riuscita** a vincere la gara.
He has the remorse of not having **succeeded** to win the race.

1669- rimasta - *was*

Sì, è vero, sono **rimasta** delusa.
Yes, it is true, I **was** disappointed.

1670- matto - *crazy*

Ma sei **matto**? Non vedi che è tardissimo?
Are you **crazy**? Can't you see it's very late?

1671- distanza - *distance*

Sto frequentando un corso a **distanza** con un insegnante italiano.
I'm attending a **distance** course with an Italian teacher.

1672- richiesta - *request*

Quale sarebbe la tua **richiesta**?
What would be your **request**?

1673- soluzione - *solution*

Non sarà facile trovare una **soluzione** a questa situazione.
It won't be easy to find a **solution** to this situation.

1674- arrabbiata - *angry*

Non sono **arrabbiata**, sono solo delusa.
I'm not **angry**, I'm just disappointed.

1675- chiamami - *call me*

Chiamami subito appena lo vedi.
Call me as soon as you see him.

1676- segni - *signs*

Cosa sono quei **segni** sulle tue braccia?
What are those **signs** on your arms?

1677- vedremo - *will see*

(noi) **Vedremo** se sarà capace di cavarsela.
We'**ll see** if he can get away with it.

1678- uccidermi - *to kill me*

Pensavo volesse **uccidermi**.
I thought he wanted **to kill me**.

1679- uso - *use*

(io) Non faccio **uso** di integratori alimentari.
I do not **use** food supplements.

1680- momenti - *moments*

Ci sono **momenti** in cui scapperei ai Caraibi.
There are **moments** when I would escape to the Caribbean.

1681- piaceva - *liked*

Non hai detto che ti **piaceva**?
Didn't you say you **liked** him?

1682- nate - *born*

Le persone **nate** nel 1970 andranno in pensione tra 10 anni.
People **born** in 1970 will retire in 10 years.

1683- cerchiamo - *try*

È meglio se (noi) **cerchiamo** di andare d'accordo.
It's better if we **try** to get along.

1684- stampa - *print*

Stampa immediatamente quel report!
Print immediately that report!

1685- importanza - *importance*

Non importa, non ha alcuna **importanza**.
It does not matter, it has no **importance**.

1686- attenta - *careful*

Devi stare più **attenta** a quanto spendi.
You have to be more **careful** about how much you spend.

1687- scusatemi - *sorry*

(voi) **Scusatemi** se non sono quello che voi vorreste.
Sorry if I'm not what you want.

1688- immaginare - *imagine*

È più intelligente di quanto si possa **immaginare**.
He is smarter than you can **imagine**.

1689- fidanzato - *boyfriend*

Non sapevo avesse un **fidanzato**.
I did not know she had a **boyfriend**.

1690- anima - *soul*

Ci ho messo **anima** e cuore in questo progetto.
I put my heart and **soul** into this project.

1691- compagno - *mate*

Questo è Paolo, il mio **compagno** di classe.
This is Paolo, my class**mate**.

1692- rimani - *stay*

Perché non **rimani** per cena?
Why don't you **stay** for dinner?

1693- minaccia - *threatens*

Il cielo **minaccia** temporali.
The sky **threatens** thunderstorms.

1694- speravo - *hoped*

(io) **Speravo** di vederti al concerto, ma c'era troppa gente.
I **hoped** to see you at the concert, but there were too many people.

1695- importanti - *important*

Ho delle notizie **importanti** da darti.
I have **important** news to give you.

1696- preferisco - *prefer*

È decisamente lo scrittore che (io) **preferisco**.
He is definitely the writer I **prefer**.

1697- porte - *doors*

Hai chiuso tutte le **porte**?
Did you close all the **doors**?

1698- cinema - *cinema*

Vado al **cinema** una volta alla settimana.
I go to the **cinema** once a week.

1699- case - *houses*

Il tornado ha spazzato via tutte le **case** del villaggio.
The tornado wiped away all the **houses** in the village.

1700- America - *America*

Andrà all'università in **America**.
She will go to university in **America**.

1701- occupato - *busy*

Oggi sono troppo **occupato** per venirti a trovare.
Today I'm too **busy** to visit you.

1702- pista - *track*

Il pilota è uscito di **pista** al secondo giro.
The pilot left the **track** on the second lap.

1703- preoccupi - *worry*

Perché ti **preoccupi** per lui?
Why do you **worry** about him?

1704- potrà - *will be able to*

Non penso che (lui) **potrà** uscire dall'ospedale quando vuole.
I do not think he **will be able to** leave the hospital when he wants.

1705- sguardo - *look*

Mi ha lanciato uno **sguardo** di sfida.
He gave me a defiant **look**.

1706- cadere - *fall*

Il pavimento è scivoloso e rischi di **cadere**.
The floor is slippery and you risk to **fall**.

1707- naturale - *natural*

Credo che sia **naturale** essere un po' gelosi.
I think it's **natural** to be a little jealous.

1708- siate - *be*

(voi) **Siate** rispettosi con il vostro insegnante.
Be respectful to your teacher.

1709- grossa - *big*

Ha detto una bugia davvero **grossa** e nessuno se ne è accorto.
He said a really **big** lie and nobody noticed it.

1710- dita - *fingers*

Incrocia le **dita**!
Cross your **fingers**!

1711- propria - *own*

Hanno una casa **propria**.
They have a house of their **own**.

1712- poteri - *powers*

Mio figlio pensa che io abbia dei **poteri** speciali.
My son thinks that I have some special **powers**.

1713- trovarlo - *to see him*

Penso che tu debba andare a **trovarlo**.
I think you should go **to see him**.

1714- ovvio - *obvious*

Quello che per me è **ovvio**, magari non lo è per te.
What is **obvious** for me, maybe it is not for you.

1715- risposto - *replied*

Vorrei sapere se ha **risposto** al suo messaggio.
I would like to know if she has **replied** to his message.

1716- scuse - *excuses*

Porgi le tue **scuse** e non farlo più.
Give your **excuses** and don't do it anymore.

1717- direttamente - *directly*

Ho fatto il colloquio **direttamente** con il CEO.
I had the interview **directly** with the CEO.

1718- conversazione - *conversation*

La nostra **conversazione** è stata interrotta mille volte.
Our **conversation** has been interrupted a thousand times.

1719- andarmene - *to leave*

Ho pensato varie volte di **andarmene**.
I've thought **to leave** several times.

1720- provando - *trying*

Sto **provando** a smettere di fumare, ma è difficile.
I'm **trying** to stop smoking, but it's hard.

1721- vorrà - *will want*

Pensi che **vorrà** venire al ristorante con noi?
Do you think he **will want** to come to the restaurant with us?

1722- dovrò - *will have to*

Quando avrò 18 anni (io) non **dovrò** chiedere il permesso a nessuno.
When I'm 18 I **will** not **have to** ask for anyone's permission.

1723- ascoltate - *listen*

Se (voi) non **ascoltate** il vostro insegnante avrete difficoltà con i test.
If you do not **listen** to your teacher, you will find difficulties with the tests.

1724- perfettamente - *perfectly*

Parla il russo **perfettamente**.
He speaks Russian **perfectly**.

1725- pensarci - *think about it*

(tu) Potevi **pensarci** prima.
You could **think about it** first.

1726- padrone - *owner*

Il **padrone** di quel cane è molto affettuoso con lui.
The **owner** of that dog is very affectionate with it.

1727- caduto - *fallen*

È appena **caduto** ma non ricorda come.
He has just **fallen** but he doesn't remember how.

1728- chiaramente - *clearly*

Queste notizie sono **chiaramente** false.
This news is **clearly** false.

1729- passata - *passed*

Fortunatamente la tempesta è **passata**.
Fortunately, the storm has **passed**.

1730- primi - *first*

I **primi** amori non si scordano mai.
The **first** loves are never forgotten.

1731- chiederti - *to ask you*

Mi sono dimenticato di **chiederti** come sta tua madre.
I forgot **to ask you** how your mother is.

1732- scendere - *to get off*

Ricordati di **scendere** alla fermata giusta.
Remember **to get off** at the right stop.

1733- tipi - *guys*

Quei due **tipi** non mi piacciono.
I don't like those two **guys**.

1734- bottiglia - *bottle*

Mi hanno regalato una preziosa **bottiglia** di vino anticato.
They gave me a precious **bottle** of aged wine.

1735- ordinato - *neat*

Non è molto **ordinato** nella scrittura.
He is not very **neat** in writing.

1736- fucile - *shotgun*

L'uomo ha preso il **fucile** e ha sparato ai ladri.
The man took the **shotgun** and shot the thieves.

1738- ubriaco - *drunk*

Lo hanno visto **ubriaco** fuori dalla stazione.
They saw him **drunk** outside the station.

1739- lettere - *letters*

Le ha scritto numerose **lettere**, ma lei non ha mai risposto.
He wrote her numerous **letters**, but she never answered.

1740- paradiso - *paradise*

Mi sento in **paradiso**!
I feel like in **paradise**!

1741- luci - *lights*

Hai lasciato le **luci** accese in casa.
You left the **lights** on at home.

1742- muoversi - *to move*

È complicato **muoversi** nel traffico in questi giorni.
It is complicated **to move** in traffic these days.

1743- salire - *to get in*

Non **salire** in macchina con le scarpe sporche.
Don't **get in** the car with dirty shoes.

1744- fantasma - *ghost*

Dicono ci sia un **fantasma** in quel castello.
They say there is a **ghost** in that castle.

1745- magia - *magic*

Quando arriva lui tutto diventa **magia**.
When he arrives, everything becomes **magic**.

1746- tira - *pull*

Sono un po' stufo di questo **tira** e molla.
I'm a bit fed up with this **pull** and spring.

1747- zero - *zero*

Quanti **zero** ci sono in un milione?
How many **zeros** are there in a million?

1748- certe - *certain*

Certe persone non sanno cosa dicono.
Certain people do not know what they say.

1749- conosciamo - *know*

(noi) **Conosciamo** benissimo la tua situazione.
We **know** your situation very well.

1750- privato - *private*

Un numero **privato** sconosciuto mi ha appena chiamato.
An unknown **private** number has just called me.

1751- killer - *killer*

È un parassita **killer** per le piante.
It is a **killer** parasite for plants.

1752- spiaggia - *beach*

È vietato lasciare rifiuti in **spiaggia**.
It is forbidden to leave waste on the **beach**.

1753- dito - *finger*

Su quale **dito** porti l'anello?
On which **finger** do you wear the ring?

1754- chiede - *asks*

(lui) Mi **chiede** sempre tue notizie.
He always **asks** me about you.

1755- super - *super*

Il mio capo ha un **super** ego.
My boss has a **super**-ego.

1756- zitta - *quiet*

Puoi stare **zitta** un momento?
Can you be **quiet** for a moment?

1757- cappello - *hat*

Togliti il **cappello** prima di entrare in chiesa.
Take off your **hat** before entering the church.

1758- suono - *sound*

Sento uno strano **suono** metallico provenire da lì.
I hear a strange metallic **sound** coming from there.

1759- nonostante - *despite*

Sono venuto **nonostante** la neve.
I came **despite** the snow.

1760- pensiamo - *take care*

Stai tranquillo, ci **pensiamo** noi ai tuoi cani.
Do not worry, we'll **take care** of your dogs.

1761- testimoni - *best men*

Ho scelto i **testimoni** per le mie nozze.
I chose the **best men** for my wedding.

1762- immagini - *images*

Certe **immagini** che si trovano sul web sono oscene.
Certain **images** on the web are obscene.

1763- corrente - *running*

Oggi nel quartiere non abbiamo l'acqua **corrente**.
Today in the neighbourhood we don't have **running** water.

1764- lasciamo - *leave*

Ti spiace se (noi) **lasciamo** qui la nostra auto?
Do you mind if we **leave** our car here?

1765- strade - *streets*

Sposta la tua auto perché oggi è il giorno della pulizia delle **strade**.
Move your car because today is the day of **streets** cleaning.

1766- date - *dates*

Dammi un paio di **date** in cui sei disponibile.
Give me a couple of **dates** when you're available.

1767- potente - *powerful*

Questo grassatore è davvero **potente**.
This degreaser is really **powerful**.

1768- bellezza - *beauty*

È apprezzata per la sua **bellezza**.
She is appreciated for her **beauty**.

1769- genio - *genius*

È un **genio** dell'informatica ma non ha amici.
He's a computer **genius** but he has no friends.

1770- prenderti - *to pick you up*

Chi verrà a **prenderti** stasera?
Who's coming **to pick you up** tonight?

1771- completo - *full*

Il parcheggio è al **completo**.
Parking is **full**.

1772- mezza - *half*

È **mezza** inglese e mezza tedesca.
She is **half** English and half German.

1773- vuoto - *empty*

Devo andare al supermercato perché il mio frigorifero è **vuoto**.
I have to go to the supermarket because my fridge is **empty**.

1774- nient'altro - *nothing else*

Non voglio **nient'altro** se non la pizza.
I want **nothing** else but pizza.

1775- sindaco - *mayor*

Ho mandato al **sindaco** una lettera di reclamo circa le condizioni della città.
I sent a letter of complaint to the **mayor** about the conditions of the city.

1776- scomparsa - *missing*

Il telegiornale ha dato l'annuncio di una ragazza **scomparsa**.
The newscast gave the announcement of a **missing** girl.

1777- dappertutto - *everywhere*

In questa casa c'è disordine **dappertutto**.
In this house, disorder is **everywhere**.

1778- anzi - *rather*

Mi dia un filone di pane, **anzi** due.
Give me a loaf of bread, or **rather** two.

1779- terza - *third*

Sono andato a Napoli per la **terza** volta.
I went to Naples for the **third** time.

1780- sospetto - *suspicion*

Ho il **sospetto** che nasconda qualcosa.
I have a **suspicion** that he is hiding something.

1781- diversa - *different*

Mia figlia è molto **diversa** da me.
My daughter is very **different** from me.

1782- seduta - *sitting*

L'ho trovata **seduta** sulle scale mentre piangeva.
I found her **sitting** on the stairs while crying

1783- palazzo - *building*

Vive in un **palazzo** del '900.
He lives in a **building** dated the 1900s.

1784- dimmelo - *tell it to me*

Se non ti piace questo vestito, (tu) **dimmelo** subito.
If you do not like this dress, **tell it to me** now.

1785- cambia - *changes*

Squadra vincente non si **cambia**.
Winning team does not **change**.

1786- sabato - *Saturday*

Il **sabato** mattina dormo senza sosta.
On **Saturday** morning I sleep tirelessly.

1787- quartiere - *neighbourhood*

Tutto il **quartiere** sa che è pazzo.
The whole **neighbourhood** knows he's crazy.

1788- villaggio - *village*

Il capo del **villaggio** ha dato il benvenuto ai visitatori.
The head of the **village** welcomed the visitors.

1789- nipote - *niece*

Mia **nipote** studia ad Amsterdam.
My **niece** is studying in Amsterdam.

1790- media - *average*

In **media**, quanto cosa una camera nel vostro hotel?
On **average**, how much is a room in your hotel?

1791- doccia - *shower*

Faccio la **doccia** tutte le mattine prima di andare al lavoro.
I take a **shower** every morning before going to work.

1792- intende - *intends*

Non so cosa (lui) **intende** fare adesso che è solo.
I don't know what he **intends** to do now that he is alone.

1793- desiderio - *wish*

Ogni tuo **desiderio** verrà esaudito.
Your every **wish** will be fulfilled.

1794- nazionale - *national*

Quando gioca la **nazionale** italiana la mia famiglia si riunisce a vederla.
When the Italian **national** team plays, my family gets together to see it.

1795- potremo - *will be able to*

Spero che (noi) ci **potremo** rivedere in futuro.
I hope we **will be able to** see each other again in the future.

1796- diamo - *give*

Ti spiace se (noi) le **diamo** un passaggio?
Do you mind if we **give** you a ride?

1797- muore - *dies*

Se **muore** anche questa pianta, non ne compro più.
If this plant **dies**, I will not buy it anymore.

1798- pensava - *thought*

(lui) **Pensava** di poter rimanere a dieta.
He **thought** he could stay on a diet.

1799- benvenuti - *welcome*

I tuoi amici sono i **benvenuti** in casa mia.
Your friends are **welcome** in my house.

1800- assieme - *together*

Li ho visti camminare **assieme** mano nella mano.
I saw them walking **together** hand in hand.

1801- militare - *military*

Anni fa il servizio **militare** era obbligatorio in Italia.
Years ago, **military** service was mandatory in Italy.

1802- maledetto - *unbearable*

Ho un **maledetto** dolore alla schiena.
I have an **unbearable** back pain.

1803- tenga - *keep*

(Lei - *you formal*) **Tenga** pure il resto.
Keep the rest.

1804- volessi - *wanted*

Se (io) **volessi** potrei comprarmi dei vestiti costosi.
If I **wanted** I could buy expensive clothes.

1805- presenza - *presence*

Non puoi mentire in **presenza** di prove.
You can't lie in **presence** of evidence.

1806- termine - *term*

Qual è il **termine** di pagamento?
What is the payment **term**?

1807- tranquilla - *calm*

Stai **tranquilla,** non c'è nessun problema.
Be **calm,** there's no problem.

1808- viso - *face*

La tua forma del **viso** è particolare.
Your **face** shape is special.

1809- esperienza - *experience*

Dovresti inserire la tua **esperienza** lavorativa nel CV.
You should enter your work **experience** on the CV.

1810- alcuna - *any/no*

Non ne ho **alcuna** idea.
I have **no** idea.

1811- guardato - *watched*

Ho **guardato** la tv per tutta la notte.
I have **watched** TV all night.

1812- vissuto - *lived*

Ha **vissuto** in 3 continenti diversi finora.
He has **lived** on 3 different continents so far.

1813- andarsene - *to leave*

Non sapevo che voleva **andarsene**.
I didn't know that he wanted **to leave**.

1814- vedermi - *to see me*

È venuto da Londra per **vedermi**.
He came from London **to see me**.

1815- stelle - *stars*

Il nostro destino è scritto nelle **stelle**.
Our destiny is written in the **stars**.

1816- esserlo – *be like that*

Lei dice che non sono affidabile, ma vorrei **esserlo**.
She says I'm not reliable but I would like to **be like that**.

1817- sistemare - *to fix*

Scusa, non ho trovato il tempo di **sistemare** la tapparella rotta.
Sorry, I did not find the time **to fix** the broken shutter.

1818- girare - *to shoot*

Hanno iniziato a **girare** un nuovo film.
They started **to shoot** a new movie.

1819- eccoci - *here we are*

Eccoci arrivati!
Here we are!

1820- eccola - *here is*

Eccola lì la nuova professoressa.
Here is the new teacher.

1821- cavalli - *horses*

I **cavalli** arabi sono i miei preferiti per la loro eleganza.
Arab **horses** are my favourites for their elegance.

1822- società - *company*

Lavora in una **società** che fa consulenza in business travel.

He works in a **company** that provides business travel advice.

1823- distruggere - *to destroy*

È riuscito a **distruggere** la sua auto dopo due giorni dall'acquisto.
He managed **to destroy** his car two days after the purchase.

1824- pratica - *practice*

Meglio se fai un po' di **pratica** prima di guidare in autostrada.
It's better if you do a little **practice** before driving on the highway.

1825- rosa - *pink*

Ha dipinto la sua camera di un colore **rosa** confetto.
She painted her room in a candy-**pink** colour.

1826- pietra - *stone*

Chi ha lanciato quella **pietra** contro la mia finestra?
Who threw that **stone** against my window?

1827- giornale - *newspaper*

Ho letto la notizia dell'incidente sul **giornale** locale.
I read the news of the incident in the local **newspaper**.

1828- taglio - *cut*

Ha un **taglio** sotto il mento a causa di una caduta.
He has a **cut** under his chin due to a fall.

1829- ossa - *bones*

Quante **ossa** ha lo scheletro umano?
How many **bones** does the human skeleton have?

1830- toccare - *to touch*

I visitatori sono gentilmente invitati a non **toccare** le opere.
Visitors are kindly invited not **to touch** the artworks.

1831- arrivano - *arrive*

Se (loro) **arrivano** in ritardo, mi arrabbio.
If they **arrive** late, I get angry.

1832- regola - *rule*

Se la **regola** c'è devi rispettarla.
If there's a **rule**, you must respect it.

1833- spia - *indicator light*

Quando si accende la **spia**, la piastra è calda.
When the **indicator light** is on, the plate is hot.

1834- vendetta - *revenge*

Sta progettando la sua **vendetta** nei confronti di suo padre.
He is planning his **revenge** against his father.

1835- attenti - *careful*

State **attenti** ad attraversare la strada!
Be **careful** to cross the road!

1836- potevi - *could*

Ad ogni modo, (tu) **potevi** dirmelo.
In any case, you **could** tell me.

1837- passati - *past*

La mia azienda fattura di più che negli anni **passati**.
My company invoices more than in **past** years.

1838- lascialo - *leave him*

(tu) **Lascialo** stare. Oggi è scontroso.
Leave him alone. Today he is grumpy.

1839- accesso - *access*

Ho un biglietto di **accesso** alla sala stampa.
I have an **access** ticket to the press room.

1840- politica - *politics*

Non mi interesso di **politica**.
I am not interested in **politics**.

1841- ragazzina - *little girl*

Ha lasciato il paese quando era **ragazzina**.
She left the country when she was a **little girl**.

1842- oro - gold

La nazionale italiana di pallavolo lotta per la medaglia d'**oro**.
The Italian national volleyball team is fighting for the **gold** medal.

1843- medicina - *medicine*

Mi piacerebbe studiare **medicina** all'università.
I would like to study **medicine** at the university.

1844- manda - *sends*

Mia sorella ti **manda** i suoi saluti.
My sister **sends** you her greetings.

1845- vampiro - *vampire*

Questo libro parla di un **vampiro** che vive in Romania.
This book is about a **vampire** who lives in Romania.

1846- aiuta - *helps*

Questo sciroppo **aiuta** a dormire meglio.
This syrup **helps** you sleep better.

1847- gas - *gas*

Che odore di **gas** in questa casa!
What a smell of **gas** in this house!

1848- volare - *to fly*

A causa del maltempo, gli aerei fanno fatica **a volare**.
Because of bad weather, aeroplanes struggle **to fly**.

1849- migliaia - *thousands*

Migliaia di persone sono venute al concerto.
Thousands of people came to the concert.

1850- episodio - *episode*

È stato uno spiacevole **episodio** di violenza.
It was an unfortunate **episode** of violence.

1851- danni - *damages*

Il terremoto ha provocato **danni** per milioni di euro.
The earthquake has caused **damages** for millions of euros.

1852- spaventato - *scared*

Il suo scherzo mi ha **spaventato** moltissimo.
His joke has **scared** me a lot.

1853- calmo - *calm*

Il mare è **calmo** dopo la tempesta.
The sea is **calm** after the storm.

1854- mal - *trouble*

Mal comune, mezzo gaudio.
A **trouble** shared is a trouble halved.

1855- principessa - *princess*

È la **principessa** di papà.
She's dad's **princess**.

1856- pollo - *chicken*

La mia dieta prevede molto **pollo**.
My diet involves a lot of **chicken**.

1857- dargli - *to give him*

Non volevo **dargli** un dispiacere.
I didn't want **to give him** any displeasure.

1858- colpi - *shots*

Ho udito dei **colpi** di pistola in lontananza.
I heard gun **shots** in the distance.

1859- bevi - *drink*

Se hai mal di stomaco, (tu) **bevi** questa tisana e ti passerà.
If you have a stomach ache, **drink** this herbal tea and it will pass.

1860- rubare - *to steal*

La banda aveva progettato **rubare** i gioielli della contessa.
The gang had planned **to steal** the Countess's jewels.

1861- funzionare - *to work*

Quel computer è così vecchio che ha deciso di non **funzionare** più.
That computer is so old that it has decided not **to work** anymore.

1862- direzione - *direction*

Siamo sicuri che questa è la **direzione** giusta?
Are we sure this is the right **direction**?

1863- mostra - *exhibition*

Oggi pomeriggio andrà alla **mostra** dell'antiquariato.
This afternoon he will go to the antique *exhibition*.

1864- seriamente - *seriously*

Stai parlando **seriamente**?
Are you talking **seriously**?

1865- venendo - *coming*

Mentre stavo **venendo** a casa tua, ho incontrato Laura.
While I was **coming** to your house, I met Laura.

1866- dovreste - *should*

Dovreste parlargli, secondo me.
You **should** talk to him, in my opinion.

1867- avrei - *would have*

Avrei qualche problema a trasferirmi in un'altra città.
I **would have** some problems to move to another city.

1868- pazienti - *patient*

Bisogna essere **pazienti** e aspettare che lui si calmi.
We must be **patient** and wait for him to calm down.

1869- società - *society*

La **società** moderna ha parecchie fonti di informazione.
Modern **society** has several sources of information.

1870- sugli - *on the*

Sugli scaffali là in fondo puoi trovare i libri fantasy.
On the shelves over there you can find fantasy books.

1871- chiamarmi - *to call me*

Non ha voluto **chiamarmi** prima di partire.
She didn't want **to call me** before leaving.

1872- dritto - *straight*

Adesso vai **dritto** a casa.
Now go **straight** home.

1873- occasione - *occasion*

In quale **occasione** vi siete conosciuti?
On what **occasion** did you meet?

1874- voci - *voices*

Sento delle **voci** che vengono dalla cucina.
I hear **voices** coming from the kitchen.

1875- doppio - *double*

Un caffè **doppio**, per favore.
A **double** coffee, please.

1876- sposata - *married*

Ho saputo che ti sei **sposata** da poco.
I heard you recently got **married**.

1877- mattino - *morning*

La stessa cosa è successa il **mattino** seguente.
The same thing happened the following **morning**.

1878- nera - *black*

Scrivo meglio con la penna **nera**.
I write better with the **black** pen.

1879- diventando - *becoming*

La questione sta **diventando** urgente.
The matter is **becoming** urgent.

1880- innamorato - *in love*

È così **innamorato** che è sempre distratto.
He is so **in love** that he always absent-minded.

1881- bicchiere - *glass*

Alziamo il **bicchiere** al vincitore!
Let's raise the **glass** to the winner!

1882- km - *kilometres*

Ho corso per **km** e mi sono arreso al traguardo.
I ran for **kilometres** and I surrendered at the finish line.

1883- lasciarmi - *to leave me*

L'ho pregato di **lasciarmi** stare ma non capisce.
I begged him **to leave me** alone but he does not understand.

1884- sveglio - *awake*

È rimasto **sveglio** per ore a guardare le stelle.
He stayed **awake** for hours looking at the stars.

1885- fuga - *escape*

Non ci sono vie di **fuga** in questo edificio.
There are no **escape** routes in this building.

1886- football - *football*

Il **football** è la mia passione.
Football is my passion.

1887- cancro - *cancer*

Il **cancro** è il mio segno zodiacale.
Cancer is my zodiac sign.

1888- pulito - *clean*

Il tavolo è perfettamente **pulito**.
The table is spotlessly **clean**.

1889- sentita - *felt*

Lei si è **sentita** male due volte questo mese.
She has **felt** sick twice this month.

1890- discutere - *to discuss*

Hai sempre voglia di **discutere**?
Do you always want **to discuss**?

1891- carico - *loaded*

Un camion **carico** di legname ha urtato il bus della scuola.
A truck **loaded** with wood bumped into the school bus.

1892- est - *east*

Il sole nasce ad **est** e tramonta ad ovest.
The sun is born in the **east** and sets in the west.

1893- arresto - *arrest*

Il calciatore è morto di **arresto** cardiaco.
The footballer died of cardiac **arrest**.

1894- lupo - *wolf*

Un **lupo** ha mangiato tutte le galline del pollaio.
A **wolf** ate all the chicken hens.

1895- libertà - *freedom*

I miei genitori mi danno **libertà** di scelta.
My parents give me **freedom** of choice.

1896- guardati - *look at you*

Guardati allo specchio e dimmi cosa vedi.
Look at yourself in the mirror and tell me what you see.

1897- venduto - *sold*

Non ho **venduto** nulla finora.
I haven't **sold** anything so far.

1898- fidanzata - *girlfriend*

Prima o poi mi presenterai la tua **fidanzata**.
Sooner or later you will introduce me to your **girlfriend**.

1899- vittoria - *victory*

Abbiamo festeggiato la **vittoria** della squadra che è in cima alla classifica.
We celebrated the **victory** of the team that is at the top of the league.

1900- dirgli - *to tell him*

Vorrei proprio **dirgli** cosa penso di lui.
I would really like **to tell him** what I think of him.

1901- parco - *park*

Che ne dici di un giro al **parco**?
How about a ride to the **park**?

1902- parlarle - *to talk to her*

Perché non provi a **parlarle**?
Why don't you try **to talk to her**?

1903- velocemente - *fast*

Parla così **velocemente** che non lo capisco.
He speaks so **fast** that I do not understand him.

1904- sposa - *bride*

La **sposa** indossava un bellissimo vestito di seta.
The **bride** wore a beautiful silk dress.

1905- conoscerti - *to meet you*

Piacere di **conoscerti**.
Nice **to meet you**.

1906- domattina – *tomorrow morning*

Domattina devo ricordarmi di pagare la bolletta del gas.
Tomorrow morning I must remember to pay the gas bill.

1907- diretto - *straight*

È andato **diretto** contro un palo.
He went **straight** against a pole.

1908- lotta - *fight*

I due uomini iniziarono una **lotta** selvaggia.
The two men started a wild **fight**.

1909- all'ospedale - *at the hospital*

È arrivato **all'ospedale** appena in tempo.
He arrived **at the hospital** just in time.

1910- rovinato - *ruined*

I vandali hanno **rovinato** una scultura di Michelangelo.
The vandals have **ruined** a sculpture of Michelangelo.

1911- dallo - *from the*

Lo riconosco **dallo** stile nella camminata.
I recognise him **from the** style in the walk.

1912- tette - *tits*

Il vestito era così piccolo che le **tette** rimanevano scoperte.
The dress was so small that the **tits** remained exposed.

1913- ultime - *latest*

Hai saputo le **ultime** notizie?
Did you know the **latest** news?

1914- campagna - *campaign*

Ha promosso una **campagna** di fundraising.
He promoted a fundraising **campaign**.

1915- rossa - *red*

Non oltrepassare la linea **rossa**!
Don't cross the **red** line!

1916- accettato - *accepted*

Ho **accettato** la sua proposta perché mi piace lavorare con lui.
I have **accepted** his proposal because I like working with him.

1917- nervoso - *nervous*

È stato **nervoso** tutta la mattina.
He has been **nervous** all morning.

1918- fermato - *stopped*

Perché la polizia ti ha **fermato**?
Why has the police **stopped** you?

1919- vicina - *near*

Vive nella città **vicina** alla mia.
He lives in the city **near** mine.

1920- tornate - *come back*

Se **tornate** in tempo possiamo andare insieme alla festa.
If you **come back** in time we can go to the party together.

1921- talento - *talent*

Ha un **talento** unico per il canto.
He has a unique **talent** for singing.

1922- liceo - *high school*

Dopo il **liceo** mi iscriverò all'Università.
After the **high school**, I will enrol at the University.

1923- lasciatemi - *leave me*

(voi) **Lasciatemi** in pace per favore, non voglio parlare.
Leave me in peace please, I don't want to talk.

1924- serena - *peaceful*

È sempre stata una ragazza **serena**.
She has always been a **peaceful** girl.

1925- nemici - *enemies*

Tieni vicini gli amici e più vicini i **nemici**.
Keep your friends close and your **enemies** closer.

1926- banda - *band*

Suona il clarinetto nella **banda** del villaggio.
He plays the clarinet in the village **band**.

1927- eppure - *but*

Quell'attore non mi piace, **eppure** riconosco che è bravo.
I do not like that actor, **but** I recognise he is good.

1928- violenza - *violence*

La **violenza** non risolve i problemi.
Violence can't solve problems.

1929- rabbia - *anger*

In un momento di **rabbia** ha distrutto una sedia.
In a moment of **anger**, he destroyed a chair.

1930- fonte - *source*

Da quale **fonte** proviene questa notizia?
What **source** does this news come from?

1931- procuratore - *attorney*

Il **procuratore** ha ordinato l'arresto del sospettato.
The **attorney** has ordered the arrest of the suspect.

1932- stanca - *tired*

Non capisci che sono troppo **stanca** per uscire?
Don't you understand that I'm too **tired** to go out?

1933- coach - *coach*

Il **coach** ha fatto le convocazioni per la partita di domenica.
The **coach** made the summons for Sunday's match.

1934- collega - *colleague*

La mia **collega** è molto ambiziosa.
My **colleague** is very ambitious.

1935- merito - *credit*

È stato un successo ma il **merito** è tutto di Alice.
It was a success but the **credit** is all about Alice.

1936- hotel - *hotel*

C'è un **hotel** nelle vicinanze?
Is there a **hotel** nearby?

1937- preoccupata - *worried*

Lei è molto **preoccupata** per le condizioni di suo padre.
She is very **worried** about her father's condition.

1938- studenti - *students*

Gli **studenti** hanno protestato contro le regole fissate dal Preside.
The **students** protested against the rules set by the Principal.

1939- trappola - *trap*

Gli hanno teso una **trappola** e lui ci è cascato.
They set a **trap** for him and he fell for it.

1940- gira - *spins*

La vita è una ruota che **gira**.
Life is a wheel that **spins**.

1941- vampiri - *vampires*

Non mi piacciono i film sui **vampiri**, li trovo scontati.
I don't like **vampires** movies, I find them obvious.

1942- sali - *salts*

Ho messo un po' di **sali** da bagno in vasca e mi sono rilassata.
I put some bath **salts** in the tub and I relaxed.

1943- giardino - *garden*

Dovrei tagliare l'erba in **giardino**.
I should cut the grass in the **garden**.

1944- sarete - *will be*

(voi) **Sarete** promossi se studierete.
You **will be** successful if you study.

1945- piccole - *small*

Queste scarpe sono troppo **piccole** per i miei piedi.
These shoes are too **small** for my feet.

1946- gratis - *free*

Hai ancora un ingresso **gratis** per il concerto?
Do you still have a **free** entry for the concert?

1947- mentire - *to lie*

Non ha mai negato di **mentire**.
He never denied **to lie**.

1948- santa - *holy*

È una **santa** donna.
She is a **holy** woman.

1949- risposte - *answers*

A volte non ho **risposte** alle sue mille domande.
Sometimes I don't have **answers** to her thousand questions.

1950- intero - *whole*

Ha mangiato l'**intero** vasetto di crema al cioccolato.
He ate the **whole** jar of chocolate cream.

1951- servizi - *services*

La mia azienda fornisce **servizi** di pulizia.
My company provides cleaning **services**.

1952- superiore - *superior*

Dovresti smetterla di comportarti come se fossi **superiore** a tutti.
You should stop acting like you're **superior** to everyone.

1953- coinvolto - *involved*

È rimasto **coinvolto** in un affare sporco.
He got **involved** in a dirty business.

1954- guardie - *guards*

Hanno messo delle **guardie** fuori dal museo per evitare intrusioni.
They put some **guards** outside the museum to avoid intruders.

1955- ospiti - *guests*

Comportati bene con i nostri **ospiti**.
Be good to our **guests**.

1956- movimento - *movement*

Dovresti fare più **movimento**, non credi?
You should do more **movement**, don't you think?

1957- scomparso - *missing*

Mio cugino è **scomparso** da tre giorni.
My cousin has been **missing** for three days.

1958- fumo - *smoke*

Come mai c'è tutto quel **fumo** in casa?
Why is there all that **smoke** at home?

1959- azioni - *actions*

Non dovresti mettere in discussione le mie **azioni** di fronte ai bambini.
You shouldn't question my **actions** in front of the children.

1960- moto - *motorbike*

Preferisce andare al lavoro in **moto** per evitare il traffico.
He prefers to go to work by **motorbike** to avoid traffic.

1961- credito - *credit*

Ha così tanti debiti che le banche non gli fanno più **credito**.
He has so much debt that the banks no longer **credit** him.

1962- all'inferno - *to hell*

Vai **all'inferno**!
Go **to hell**!

1963- pesante - *heavy*

Cosa c'è in quella scatola? È davvero **pesante**.
What's in that box? It's really **heavy**.

1964- pagina - *page*

Ha strappato la **pagina** del suo diario in preda alla rabbia.
He ripped the **page** of his diary in the grip of anger.

1965- commesso - *salesman*

Lavora come **commesso** in un negozio di scarpe.
He works as a **salesman** in a shoe store.

1966- profondo - *deep*

Il lago può essere molto **profondo**.
The lake can be very **deep**.

1967- rete - *network*

Ha una nutrita **rete** di amicizie.
He has a large **network** of friendships.

1968- trucco - *trick*

Il mago ha tagliato la ragazza a metà, ma era un **trucco**.
The wizard cut the girl in half, but it was a **trick**.

1969- maniera - *way*

Ce la caveremo, in una **maniera** o nell'altra.
We'll manage, one **way** or another.

1970- ricco - *full of*

Questo libro è **ricco** di spunti interessanti.
This book is **full of** interesting ideas.

1971- invitato - *invited*

Che sorpresa essere **invitato** al loro matrimonio!
What a surprise to be **invited** to their wedding!

1972- gola - *throat*

Se ti fa male la **gola**, indossa una sciarpa di seta.
If your **throat** hurts, wear a silk scarf.

1973- polvere - *dust*

La **polvere** si nasconde ovunque.
Dust hides everywhere.

1974- effetto - *effect*

Non ti spaventare, è solo un **effetto** ottico.
Don't be scared, it's just an optical **effect**.

1975- motore - *engine*

Il **motore** dell'auto si è fermato dopo pochi chilometri.
The car's **engine** stopped after a few miles.

1976- cantare - *to sing*

Vorrei imparare a **cantare**, che male c'è?
I would like to learn **to sing**, what's wrong?

1977- premio - *award*

Ha vinto un **premio** al concorso della scuola.
She won an **award** in the school competition.

1978- uova - *eggs*

Le **uova** contengono molte proteine.
Eggs contain many proteins.

1979- orecchie - *ears*

Se non vuoi ascoltarmi, tappati le **orecchie**.
If you do not want to listen to me, plug your **ears**.

1980- bersaglio - *target*

Ho centrato il **bersaglio** e ho vinto un pesce rosso.
I hit the **target** and I won a goldfish.

1981- fastidio - *annoyed*

Ha fatto un gesto di **fastidio**.
He made an **annoyed** gesture.

1982- gloria - *glory*

Non lavoro per la **gloria**, i soldi mi fanno comodo.
I don't work for **glory**, money is useful.

1983- mucchio - *bunch*

Dice un **mucchio** di bugie.
He says a **bunch** of lies.

1984- cinese - *Chinese*

Il cibo **cinese** è tra i miei preferiti.
Chinese food is among my favourites.

1985- crisi - *crisis*

Paolo e Francesca sono entrati in **crisi** dopo la nascita del bimbo.
Paolo and Francesca entered a **crisis** after the birth of the baby.

1986- gestire - *to manage*

Non sono capace di **gestire** più progetti alla volta.
I'm not able **to manage** multiple projects at a time.

1987- rapporti - *relationships*

I nostri **rapporti** sono peggiorati da quando è morta mia madre.
Our **relationships** have deteriorated since my mother died.

1988- senatore - *senator*

È un nuovo **senatore** della Repubblica Italiana.
He is a new **senator** of the Italian Republic.

1989- creatura - *creature*

Anche il ragno è una **creatura** di Dio.
Even the spider is a **creature** of God.

1990- fan - *fan*

È un **fan** fedele al suo idolo.
He is a loyal **fan** of his idol.

1991- odore - *smell*

C'è **odore** di benzina nella tua auto.
There's **smell** of petrol in your car.

1992- pugno - *fist*

Lo ha colpito con un **pugno** sulla faccia senza alcun motivo.
She hit him with a **fist** on his face for no reason.

1993- copia - *copy*

Questa statua è una **copia** fedele dell'originale.
This statue is a faithful **copy** of the original.

1994- falso - *false*

Ha passato la dogana sotto **falso** nome.
He passed the customs under a **false** name.

1995- perdono - *forgiveness*

Il **perdono** è un gesto molto raro.
Forgiveness is a very rare gesture.

1996- comportamento - *behaviour*

Non mi piace il suo **comportamento** in questi giorni.
I don't like his **behaviour** these days.

1997- solamente - *only*

Ci sono **solamente** due opzioni tra cui scegliere.
There are **only** two options to choose from.

1998- assurdo - *absurd*

Mi sembra **assurdo** che ti abbiano licenziato.
It seems **absurd** to me that they fired you.

1999- scrivania - *desk*

Ho lasciato i documenti sulla **scrivania**.
I left the documents on the **desk**.

2000- pane - *bread*

A colazione mangio **pane** e marmellata.
For breakfast, I eat **bread** and jam.

CONCLUSION

Congratulations! You made it!

After going through this list of the 2000 Most Common Words in Italian, you are now fully equipped to take your learning of the Italian language to a whole new level. As we mentioned earlier, understanding the meaning of these words is a great first step in learning the language, but you will also need to *practice* using them in different situations to truly acquire their meaning. It's true: conversation and writing are the best ways to familiarize yourself with new vocabulary, and maybe even discover some new ways to use the words or some less common meanings that were not presented in this book. And remember: once you've studied them thoroughly, these words should help you develop your understanding of non-fiction to 84%, your understanding of fiction to 86.1%, and your oral speech to 92.7%. Just imagine what you could do with all that knowledge!

We are happy to have helped you with your practice of Italian and hope to see you again soon; we'll surely meet again in future books and learning material.

So take care and study hard, and don't forget the 4 tips we gave you at the beginning if you want to become a pro of the Italian language:

1- Practice hard!
2- Don't limit yourself to these 2000 words!
3- Grab a study partner!
Write and read stories!

With everything covered in what has to do with the most common vocabulary words, you are now free to use that knowledge to learn even more Italian, such as grammar and punctuation rules. Mastering Italian will be quite a journey but rejoice: you're getting there slowly but surely!

If you liked the book, we would also really appreciate a little review wherever you bought it.

MORE FROM LINGO MASTERY

Do you know what the hardest thing for an Italian learner is?

Finding PROPER reading material that they can handle…which is precisely the reason we've written this book!

Teachers love giving out tough, expert-level literature to their students, books that present many new problems to the reader and force them to search for words in a dictionary every five minutes — it's not entertaining, useful or motivating for the student at all, and many soon give up on learning at all!

In this book we have compiled 20 easy-to-read, compelling and fun stories that will allow you to expand your vocabulary and give you the tools to improve your grasp of the wonderful Italian tongue.

How Italian Short Stories for Beginners works:

- Each story will involve an important lesson of the tools in the Italian language (Verbs, Adjectives, Past Tense, Giving Directions, and more), involving an interesting and entertaining story with realistic dialogues and day-to-day situations.
- The summaries follow a synopsis in Italian and in English of what you just read, both to review the lesson and for you to see if you understood what the tale was about.
- At the end of those summaries, you'll be provided with a list of the most relevant vocabulary involved in the lesson, as well as slang and sayings that you may not have understood at first glance!
- Finally, you'll be provided with a set of tricky questions in Italian, providing you with the chance to prove that you learned something in the story. Don't worry if you don't know the answer to any — we will provide them immediately after, but no cheating!

So look no further! Pick up your copy of **Italian Short Stories for Beginners** and start learning Italian right now!

Have you been trying to learn Italian, but feel that you're a long way off from talking like a native?

Do you want to have an efficient resource to teach you words and phrases very commonly used in endless scenarios?

Are you looking to learn Italian vocabulary quickly and effectively without being swarmed with complicated rules?

If you answered *"Yes!"* to at least one of the previous questions, then this book is definitely for you! We've created Italian Vocabulary Builder - 2222 Italian Phrases To Learn Italian And Grow Your Vocabulary – a powerful list of common Italian terms used in context that will vastly expand your vocabulary and boost your fluency in the "language of music", as it is romantically called.

In this book you will find:

- A detailed introduction with a brief, descriptive guide on how to improve your learning
- A list of **2222** keywords in common phrases in Italian and their translations.

- Finally, a conclusion to close the lesson and ensure you've made good use of the material

But we haven't even told you what we've got in store for you, have we? In this book, you will find phrases relevant to the most common and essential subjects, such as: Adjectives, Animals, Entertainment, Family and Friendship, Grammar, Health, Jobs Time, Synonyms and dozens of other must-know topics.

So what are you waiting for? Open the pages of **Italian Vocabulary Builder - 2222 Italian Phrases To Learn Italian And Grow Your Vocabulary** and start boosting your language skills today!

Printed in Great
Britain
by Amazon